现代职业教育教学管理和创新发展研究

高东娟　齐敬先　陈　虹　著

中国青年出版社

图书在版编目(CIP)数据

现代职业教育教学管理和创新发展研究/高东娟，齐敬先,陈虹著.--北京:中国青年出版社,2024.11.--ISBN 978-7-5153-7582-3

Ⅰ.G719.2

中国国家版本馆 CIP 数据核字第 2024SJ3364 号

现代职业教育教学管理和创新发展研究

作　　者:高东娟　齐敬先　陈　虹

责任编辑:刘　霜　罗　静　邵明田

出版发行:中国青年出版社

社　　址:北京市东城区东四十二条 21 号

网　　址:www.cyp.com.cn

编辑中心:010-57350508

营销中心:010-57350370

经　　销:新华书店

印　　刷:北京联兴盛业印刷股份有限公司

规　　格:710mm×1000mm　1/16

印　　张:8.75

字　　数:121 千字

版　　次:2024 年 11 月北京第 1 版

印　　次:2024 年 11 月北京第 1 次印刷

定　　价:68.00 元

如有印装质量问题,请凭购书发票与质检部联系调换

联系电话:010-57350337

前　言

在 21 世纪的今天,随着经济全球化和知识经济的快速发展,社会对人才的需求日益多元化和专业化。职业教育作为培养技术技能型人才的重要途径,其教学管理和创新发展显得尤为重要。

在信息化时代,职业教育发展模式与发展方向迎来了巨大变革。教育信息化对推进职业教育创新发展和实现职业教育现代化具有重要意义。教学管理是维持教学秩序、实现人才培养目标的根本保证。本书全面阐述了职业教育教学管理和创新发展,首先论述了职业教育教学的理论与体系、过程管理与绩效管理,然后论述了现代职业教育发展的体制机制创新。本书倡导以不同主体现实需求为基础,最大限度满足人的发展诉求,构建大规模意见交互、多方协同的现代职业教育教学管理和创新发展模式。

本书在写作过程中参阅了大量有关现代职业教育教学管理和创新发展相关的文献与资料,在此表示诚挚的谢意。书中难免有疏漏之处,恳请广大读者批评指正。

目 录

第一章 职业教育教学理论

第一节 职业教育教学目标

一、职业教育教学目标概述

(一)职业教育教学目标的重要性及其定义

职业教育是培养技术技能型人才的重要途径,其教学目标在整个教育过程中起着至关重要的作用。职业教育教学目标的重要性体现在多个方面。

第一,明确的教学目标能够为教师提供清晰的教学方向和重点,确保教学活动有序进行,提高教学效率。教学目标的设定不仅帮助教师规划课程内容和教学方法,还可以使教学过程更具针对性和系统性,从而提升学生的学习效果。

第二,教学目标是评估学生学习成果的依据。通过明确的教学目标,教师可以制定科学的评估标准,客观地衡量学生的知识掌握程度和技能水平。这不仅有助于发现学生学习中的薄弱环节,进行有针对性的辅导,还可以通过评价反馈促进学生不断改进和提升自己。此外,教学目标的明确性还可以增强学生的学习动力,使他们清楚地了解学习的目的和意义,从而树立学习的信心,激发学习的兴趣。

第三,教学目标的设定有助于优化教学资源的配置和利用。合理的教学目标能够使教学资源发挥最大效益,提高教育质量。在信息化时代,教学目标的设定不仅要考虑传统的教学资源,还要充分利用现代信息技术,推动教学资源的共享和优化配置。

第四,定义职业教育教学目标需要综合考虑职业教育的特点和要求。职业教育教学目标是指在职业教育过程中,针对学生的知识、技能、态度、职业素质等方面所设定的具体培养要求和预期结果。这些目标不仅包括知识目标和技能目标,还涵盖情感态度目标和职业素质目标等多个方面。知识目标主要指学生需要掌握的专业知识和理论基础,这是学生职业发展的基础。技能目标则是学生在学习过程中需要具备的操作技能和实践能力,这是职业教育的核心所在。情感态度目标则关注学生在学习过程中应培养的职业态度、职业道德和价值观,这对于学生职业生涯的发展至关重要。职业素质目标则指学生应具备的综合职业素质,包括创新能力、团队合作能力、沟通能力等,这些素质是现代职业岗位对从业人员的基本要求。

(二)职业教育教学目标的内涵与分类

职业教育教学目标的内涵不仅涉及知识和技能的传授,更强调学生综合素质的培养。职业教育教学目标的内涵包括多个方面。

第一,知识目标。知识目标指学生需要掌握的专业知识和理论基础。这些知识包括职业所需的基础理论、专业知识以及相关的跨学科知识。知识目标的设定应结合职业岗位需求,确保学生能够掌握扎实的理论基础和广泛的知识体系。

第二,技能目标。技能目标指学生在学习过程中需要掌握的操作技能和实践能力。职业教育注重动手能力的培养,技能目标包括专业技能、操作技能、技术技能等,旨在提高学生的实际操作能力和岗位适应能力。这些技能不仅包括基本的职业操作技能,还涵盖更高级的技术操作和创新技能,以应对不断变化的职业环境和技术要求。

第三,情感态度目标。情感态度目标指它关注学生在学习过程中应培养的职业态度、职业道德和价值观。职业教育不仅传授知识和技能,更注重培养学生的职业素养,树立正确的职业观、价值观和道德观,增强学生的职业责任感和使命感。这种素养的培养对于学生未来的职业发展和个人成长具有深远影响。

第四,职业素质目标。职业素质目标指学生应具备的综合职业素质,包括创新能力、团队合作能力、沟通能力、问题解决能力等。这些素质是现代职业岗位对从业人员的基本要求,有助于学生更好地适应职业环境,提升职业竞争力。现代职业教育不仅仅关注学生的短期技能培训,更强调学生长远的职业发展潜力和综合素质的提升。

根据职业教育教学目标的不同侧重点,可以将其分为多种类型。

第一,知识类目标包括基础知识目标和专业知识目标。基础知识目标指学生应掌握的公共基础知识,如数学、语文、外语等。专业知识目标指学生应掌握的职业相关知识,如计算机技术、机械制造等。这些知识目标的设定应结合行业需求和职业岗位的具体要求,确保学生能够在未来的职业生涯中具备必要的知识储备。

第二,技能类目标包括基本技能目标和专业技能目标。基本技能目标指学生应具备的基本操作技能,如计算机操作、机械操作等。专业技能目标指学生应具备的职业特定技能,如编程技能、焊接技能等。这些技能目标的设定应充分考虑学生未来的职业需求和职业发展路径,确保学生能够在实际工作中应用所学技能。

第三,情感态度类目标包括职业态度目标和职业道德目标。职业态度目标指学生应具备的积极学习态度和职业态度,如认真负责、勤奋好学等。职业道德目标指学生应具备的职业道德和职业素养,如诚实守信、遵纪守法等。这些目标的设定不仅关注学生的职业能力培养,更关注学生的职业道德建设和职业素养提升。

第四,职业素质类目标包括创新能力目标、团队合作能力目标、沟通能力目标等。这些目标指学生应具备的综合职业素质,有助于提升学生的职业适应能力和职业发展潜力。现代职业教育要求学生不仅具备扎实的知识和技能,还需要具备较强的创新能力、团队合作能力和沟通能力,以应对不断变化的职业环境和复杂多变的职业挑战。

二、职业教育教学目标的设定

(一)教学目标设定的基本原则

职业教育教学目标的设定是一个复杂而系统的过程,需要遵循一定的原则,以确保目标的科学性和可操作性。以下是设定教学目标时应遵循的基本原则。

第一,明确性原则。教学目标必须明确、具体,便于教师在教学过程中清晰地了解教学的方向和重点。明确的目标不仅有助于教师规划课程内容和教学方法,还可以使教学过程更具针对性和系统性,从而提升学生的学习效果。例如,在设定职业技能目标时,应该具体到学生需要掌握哪些操作技能和技术能力,而不仅仅是笼统地要求提高实践能力。

第二,适应性原则。教学目标的设定应充分考虑学生的实际情况和职业需求,确保目标的可实现性和适应性。不同专业和不同层次的学生,其基础知识和能力水平各不相同,因此,教学目标的设定应结合学生的具体情况,制定适合他们的发展目标。同时,还应根据职业岗位的实际需求,确保学生所学内容能够满足未来工作的要求。例如,对于计算机专业的学生,教学目标应包括掌握一定的编程技能和软件操作能力,而不是"一刀切"地设定统一目标。

第三,全面性原则。教学目标不仅包括知识和技能的传授,还应涵盖学生综合素质的培养。职业教育的最终目的是培养全面发展的技术技能型人才,因此,教学目标应兼顾知识、技能、态度和职业素质等多个方面。例如,除了要求学生掌握专业知识和操作技能外,还应设定情感态度目标,培养学生的职业道德、团队合作能力和创新能力等。

第四,动态性原则。教学目标应具有一定的灵活性和动态性,能够根据教育环境的变化和职业需求的更新进行调整。随着科技进步和产业结构的调整,职业岗位对技能和知识的要求也在不断变化。因此,教学目标的设定不能一成不变,而应根据最新的行业动态和职业需求进行调整和更新。例如,在互联网技术迅猛发展的背景下,信息技术相关专业的教学目标应及时更新,增加对新技术的学习和掌握。

第五,操作性原则。教学目标的设定应具有较强的可操作性,便于教师在实际教学过程中具体实施。明确的操作性不仅包括具体的内容和要求,还应有科学的评价标准和方法,以便教师能够有效地评估学生的学习效果。例如,在设定实践技能目标时,应该明确具体的操作步骤和评价标准,确保学生能够按照要求完成实践任务,并通过科学的评价体系进行客观评估。

(二)影响教学目标设定的因素分析

职业教育教学目标的设定不仅需要遵循上述基本原则,还要综合考虑多种影响因素,以确保目标的科学性和合理性。以下是影响教学目标设定的主要因素分析。

第一,社会需求。职业教育的最终目的是为社会培养合格的技术技能型人才,因此,社会需求是设定教学目标的重要依据。随着经济的发展和产业结构的调整,不同职业领域对人才的需求也在不断变化。例如,随着信息技术的快速发展,对计算机专业人才的需求不断增加,因此,在设定计算机专业的教学目标时,应重点考虑社会对该领域人才的具体需求,确保培养的人才能够适应社会的发展需要。

第二,职业岗位要求。职业教育的教学目标应直接对应职业岗位的实际需求,确保学生在完成学业后能够胜任相关岗位的工作。不同职业岗位对知识和技能的要求各不相同,因此,教学目标的设定应详细分析职业岗位的具体要求。例如,在设定机械制造专业的教学目标时,应重点考虑机械制造岗位对操作技能、专业知识和职业素质的具体要求,确保学生能够在毕业后迅速适应岗位需求。

第三,学生特点。学生的基础知识、学习能力和兴趣爱好等因素对教学目标的设定具有重要影响。不同学生的基础和能力存在差异,因此,教学目标的设定应充分考虑学生的实际情况,制定适合他们的发展目标。例如,对于基础较弱的学生,可以设定分阶段的目标,逐步提高他们的知识和技能水平;而对于基础较好的学生,则可以设定更高的目标,进一步提升他们的专业能力和综合素质。

第四，教学资源。教学资源的状况直接影响教学目标的实现。包括师资力量、教学设施、教材资源等在内的各种教学资源，都对教学目标的设定具有重要影响。例如，具有丰富实践经验的教师队伍和先进的实验设备，能够为实现高水平的教学目标提供有力支持；而教学资源相对匮乏的情况下，则需要根据实际情况合理设定教学目标，确保目标的可操作性和实现性。

第五，政策法规。教育政策和法规是教学目标设定的重要依据。国家和地方教育部门的政策导向和法规要求，对职业教育的教学目标设定具有直接影响。例如，国家对职业教育发展的政策支持和具体要求，将直接影响职业教育的培养目标和教学内容的设定。因此，在设定教学目标时，应充分考虑国家和地方的教育政策和法规要求，确保教学目标的合法性和规范性。

综上所述，职业教育教学目标的设定不仅需要遵循一定的原则，还要综合考虑社会需求、职业岗位要求、学生特点、教学资源和政策法规等多方面因素。通过科学合理地设定教学目标，可以全面提升学生的综合素质，使他们在未来的职业生涯中具备较强的竞争力和适应能力。这对于实现职业教育的培养目标，提高职业教育质量，推动职业教育的发展具有重要意义。

三、职业教育教学目标的实现路径

(一)理论与实践相结合的路径

实现职业教育教学目标的关键在于将理论与实践相结合，这种教学模式不仅能够增强学生对知识的理解和掌握，还能提升他们的实践能力和职业素养。理论与实践相结合的路径主要包括以下五个方面。

第一，课程设计应突出理论与实践相结合。职业教育课程应在理论教学的基础上，增加实践教学的比重，使学生能够在实际操作中巩固和运用所学知识。例如，在机械制造专业的课程设计中，可以通过理论课程讲解机械原理和技术基础,然后安排学生进行机械加工、设备维护等实践操作。通过这种理论与实践交替进行的教学模式,学生能够更好地理解和掌握专业知识,并在实践中提升操作技能。

第二,建设实训基地和校企合作平台。实训基地和校企合作平台是职业教育理论与实践相结合的重要载体。学校通过建设现代化的实训基地,可以为学生提供真实的职业环境和操作平台,使他们能够在接近实际工作环境的条件下进行操作训练。同时,学校应积极与企业合作,建立校企合作平台,让学生有机会进入企业进行实习和实践,直接参与生产和管理过程。例如,通过与机械制造企业合作,学生可以在企业的生产线上进行实习,了解实际的生产流程和操作规范,提升实践能力和职业素养。

第三,采用项目教学法和案例教学法。项目教学法和案例教学法是实现理论与实践相结合的重要教学方法。项目教学法通过让学生参与具体的项目设计和实施,使他们在解决实际问题的过程中运用所学知识和技能。例如,在计算机专业的教学中,可以通过设定具体的编程项目,让学生进行程序设计、编码和调试,从而掌握编程技能。案例教学法则通过分析和讨论真实的案例,使学生在实际情境中理解和运用理论知识。例如,在市场营销课程中,可以通过分析企业的营销案例,让学生学习营销策略和技巧,提升他们的实际应用能力。

第四,实施多样化的评价方式。职业教育的评价不仅应包括知识的掌握情况,还应注重对学生实践能力和综合素质的评价。通过实施多样化的评价方式,可以全面衡量学生的学习成果。例如,可以通过操作考试、项目报告、案例分析等多种形式,评价学生的实践能力和应用能力。同时,还可以通过企业评价、同行评价等方式,了解学生在实际工作中的表现和能力,进一步完善评价体系。

(二)个性化与差异化教学的实现方式

个性化与差异化教学是实现职业教育教学目标的重要路径。通过针对学生的个性化需求和差异化特点进行教学,可以最大限度地发挥每个学生的潜力,提升教学效果。个性化与差异化教学的实现方式主要包括以下五个方面。

第一,因材施教,制订个性化学习计划。每个学生的基础知识、学习能力和兴趣爱好各不相同,因此,教师应根据学生的具体情况,制订个性化的学习计划。例如,对于基础较差的学生,可以制订循序渐进的学习计划,通过补习基础知识、加强辅导等方式,逐步提升他们的学习水平;对于基础较好的学生,则可以制定更高的学习目标,增加挑战性任务,激发他们的学习兴趣和潜力。

第二,分层教学,满足学生的差异化需求。分层教学是根据学生的不同水平和需求进行分组教学的一种方式。通过将学生分成不同的学习小组,教师可以针对每个小组的具体情况,制定相应的教学内容和方法。例如,在英语教学中,可以根据学生的语言水平,将学生分成初级班、中级班和高级班,分别进行基础语法、语言应用和高级写作等不同层次的教学,满足学生的差异化需求。

第三,灵活运用多种教学方法。不同的教学方法适用于不同的教学内容和学生特点,因此,教师应灵活运用多种教学方法,以提高教学效果。例如,对于实践操作课程,可以采用演示教学法和操作训练法,让学生通过实际操作掌握技能;对于理论课程,可以采用讲授法和讨论法,通过生动的讲解和互动讨论,增强学生对知识的理解和记忆。

第四,利用现代信息技术,实施个性化教学。在信息化时代,现代信息技术为个性化教学提供了有力支持。通过在线学习平台、智能教学系统等技术手段,教师可以为学生提供丰富的学习资源和个性化的学习路径。例如,在线学习平台可以根据学生的学习进度和兴趣,推荐适合他们的学习内容和任务,帮助学生自主学习;智能教学系统可以通过大数据分析,了解学生的学习习惯和弱点,提供有针对性的辅导和建议,提升学习效果。

第五,加强师生互动,关注学生的个性发展。师生互动是实现个性化教学的重要途径。通过与学生的互动交流,教师可以深入了解学生的个性特点、兴趣爱好和学习需求,及时调整教学内容和方法。例如,通过课堂提问、课后辅导和学习指导,教师可以了解学生的学习状况和问题,提供有针对性的帮助和支持。同时,教师应关注学生的个性发展,鼓励学生发挥自己的特长和优势,培养他们的自主学习能力和创新能力。

总之,理论与实践相结合的路径和个性化与差异化教学的实现方式,是实现职业教育教学目标的重要途径。

第二节 职业教育教学内容

一、职业教育教学内容概述

(一)职业教育教学内容的构成与特点

职业教育教学内容的构成与特点是职业教育体系的核心组成部分,对实现教学目标和培养高素质的职业人才具有重要意义。职业教育教学内容主要包括以下几个方面。

第一,专业知识与技能。职业教育的核心内容是培养学生的专业知识和职业技能,使他们能够在特定的职业领域中胜任工作。这部分内容通常包括理论知识、操作技能和职业素养。例如,在机械制造专业,教学内容包括机械原理、加工工艺、设备维护等专业知识以及车床操作、焊接技术等实际操作技能。

第二,基础知识与技能。除了专业知识,职业教育还需要传授学生必要的基础知识和技能。这部分内容通常包括数学、物理、化学等基础科学知识以及语言表达、信息技术等通用技能。例如,在电子信息专业,除了电子电路和通信原理等专业课程,学生还需要学习高等数学、物理学等基础课程,以增强学生的理论基础。

第三,综合素质与能力。职业教育不仅要培养学生的专业技能,还需要提升他们的综合素质和能力。这部分内容通常包括人文素养、社会责任、创新能力和团队合作等方面的教育。例如,通过开设心理健康、职业道德、法律基础等课程,培养学生的职业素养和社会责任感;通过组织团队合作项目和创新创业活动,提升学生的创新能力和团队合作精神。

职业教育教学内容的特点主要体现在以下四个方面。

第一,实践性强。职业教育注重培养学生的实际操作能力和职业素养,因此教学内容通常具有较强的实践性。例如,通过实训课程、企业实习和项目教学等形式,使学生在实际操作中掌握技能和知识,增强他们的职业能力。

第二,应用性强。职业教育的目标是培养适应职业岗位需求的高素质人才,因此教学内容通常具有较强的应用性。例如,通过设置与职业岗位密切相关的课程和实训项目,使学生能够直接应用所学知识和技能,胜任职业岗位的要求。

第三,针对性强。职业教育注重满足不同行业和职业的具体需求,因此教学内容通常具有较强的针对性。例如,根据不同行业和职业的特点,设置相应的专业课程和实训项目,使学生能够掌握特定职业领域所需的知识和技能。

第四,灵活性强。职业教育需要适应不断变化的职业需求和技术进步,因此教学内容通常具有较强的灵活性。例如,通过及时更新课程内容和教学方法,确保教学内容与职业发展的最新趋势和要求相适应。

(二)教学内容在职业教育中的地位与作用

教学内容在职业教育中占据重要地位,是实现教育目标和培养职业人才的关键。教学内容不仅决定了学生所学知识和技能的深度和广度,还影响到教学效果和学生的职业发展。

首先,教学内容是实现职业教育目标的基础。职业教育的目标是培养高素质的职业人才,使他们具备扎实的专业知识和过硬的职业技能。教学内容作为教育目标的具体体现,直接关系到教育目标的实现。例如,通过设置科学合理的课程体系和实训项目,可以确保学生在学习过程中全面掌握所需的知识和技能,达到职业教育的培养目标。

其次,教学内容是提高教学质量的关键。高质量的教学内容是提高教学效果和学生学习兴趣的重要保障。教学内容的设计和编排应符合职业教育的特点和学生的实际需求,既要涵盖专业知识和技能,又要注重综合素质和能力的培养。例如,通过设置丰富多样的课程内容和实训项目,可以激发学生的学习兴趣,提升他们的学习效果。

再次,教学内容是促进学生职业发展的重要因素。职业教育的最终目标是促进学生的职业发展,使他们能够在职业生涯中取得成功。教学内容的合理设计和实施可以为学生提供广阔的职业发展空间。例如,通过设置与职业岗位需求相符合的课程和实训项目,学生能够在毕业后迅速适应工作岗位,提升职业竞争力和发展潜力。

最后,教学内容是推动职业教育改革和发展的动力。随着社会经济的不断发展和技术进步,职业教育的教学内容也需要不断更新和优化,以适应新的职业需求和技术变化。例如,通过引入新的教学内容和教学方法,可以推动职业教育的改革和发展,提高职业教育的质量和水平。

二、教学内容的设计与组织

(一)教学内容设计的原则与方法

职业教育教学内容的设计是实现教学目标和培养职业人才的关键环节。科学合理的教学内容设计不仅能够提高教学效果,还能满足学生的学习需求和职业发展要求。教学内容设计的原则与方法主要包括以下四个方面。

第一,适应性原则。教学内容应根据职业岗位的需求和学生的实际情况进行设计,确保内容具有较强的适应性。例如,在课程设置上,应结合行业发展的最新趋势和技术进步,及时更新和调整教学内容,使之符合实际职业需求。针对不同基础和能力的学生,教学内容也应有所区别,提供多层次、多类型的课程选择,满足学生个性化的学习需求。

第二,系统性原则。教学内容的设计应具有系统性,涵盖从基础知识到专业技能的各个层面,确保学生能够系统地掌握所需的知识和技能。例如,在课程体系的设计上,应包括基础理论课程、专业技术课程和实践实训课程。循序渐进的学习,使学生逐步掌握从理论到实践的综合能力。

第三,实用性原则。职业教育强调实际操作能力和职业素养的培养,因此教学内容应具有较强的实用性。例如,在课程内容的选择上,应注重实际操作技能的训练。实训课程、企业实习等形式,使学生能够在实际操作中掌握技能,提升职业能力。同时,应结合具体职业岗位的需求,设计相应的项目和任务,使学生能够在完成项目的过程中,应用所学知识和技能,解决实际问题。

第四,前瞻性原则。教学内容的设计应具有前瞻性,关注行业发展的最新动态和技术进步,培养学生的创新能力和适应未来发展的能力。例如,在课程内容的设置上,应包括前沿技术课程和创新创业课程,通过介绍最新的技术发展和创新思维,激发学生的创造力和创新能力,使他们能够在未来的职业生涯中,具有竞争优势和发展潜力。

教学内容设计的方法主要包括以下四个方面。

第一,需求分析法:通过对职业岗位需求和学生需求的分析,确定教学内容的具体方向和重点。例如,可以通过调研和访谈,了解企业对职业技能和知识的具体要求,以及学生在学习过程中的需求和期望,进而制定科学合理的教学内容。

第二,任务驱动法:通过设定具体的学习任务和项目,驱动学生在完成任务的过程中,掌握知识和技能。例如,可以通过设计实际工作中的任务和项目,如工程设计、产品开发等,让学生在完成任务的过程中,应用所学知识,提升实际操作能力。

第三,模块化设计法:将教学内容划分为若干模块,使之结构清晰、层次分明,便于学生系统学习。例如,可以将课程内容划分为基础模块、专业模块和实践模块,通过逐步学习,使学生能够从基础知识到专业技能,再到实际操作,系统地掌握所需的知识和技能。

第四,案例教学法:通过具体案例的分析和讨论,使学生能够在实际情境中,应用所学知识和技能,解决实际问题。例如,可以通过引入企业案例和行业案例,让学生在分析和解决实际问题的过程中,掌握知识和技能,提升综合能力。

（二）教学内容的组织与安排策略

科学合理的教学内容组织与安排策略是确保教学效果和提高教学质量的重要环节。教学内容的组织与安排策略主要包括以下几个方面。

第一，循序渐进的安排策略。教学内容应按照由浅入深、由易到难的顺序进行安排，确保学生能够逐步掌握所需的知识和技能。例如，安排课程时，可以先设置基础理论课程，再设置专业技术课程，最后安排实践实训课程。通过逐步深入地学习，学生能够系统地掌握知识和技能。

第二，理论与实践相结合的策略。职业教育强调实际操作能力的培养，因此教学内容的安排应注重理论与实践相结合。例如，课程安排可以将理论课程与实践课程相结合，通过理论讲解和实践操作，学生能够在实际操作中，应用所学理论知识，提升职业能力。

第三，跨学科整合的策略。现代职业教育注重培养学生的综合素质和能力，因此教学内容的安排应注重跨学科的整合。例如，可以通过设置跨学科的综合课程，如创新创业课程、职业素养课程等，学生能够在学习过程中，掌握多方面的知识和技能，提升综合素质和能力。

第四，灵活多样的教学形式。教学内容的安排应结合多种教学形式，满足学生多样化的学习需求。例如，可以通过课堂讲授、案例分析、项目实训、企业实习等多种形式，学生能够在不同的学习环境中，掌握知识和技能，提升学习效果。

第五，合理的教学时间安排。教学内容的安排应科学合理，确保学生有足够的时间进行学习和实践。例如，可以通过合理安排课程时间和课时比例，确保理论学习和实践操作的时间平衡，学生能够在有限的时间内，充分掌握所需的知识和技能。

第六，持续评估与调整的策略。教学内容的安排应进行持续的评估和调整，确保教学内容和教学效果的不断优化。例如，可以通过定期的教学评估和学生反馈，了解教学内容的实施情况和效果，及时调整和优化教学内容和教学方法，提升教学质量。

三、教学内容的动态调整

(一)基于行业需求的内容更新

职业教育的一个重要特点是其与行业和企业的紧密联系。职业教育教学内容必须随着行业需求的变化进行不断更新,以确保所培养的学生能够适应市场和技术的发展变化。基于行业需求的内容更新主要包括以下几个方面。

首先,行业调研与需求分析。职业教育机构应定期开展行业调研,了解行业发展的最新动态和企业对人才的具体需求。例如,通过与企业的合作、专家座谈会、行业研讨会等形式,收集行业对职业技能、知识更新、技术进步等方面的需求信息;通过系统的需求分析,确定教学内容需要更新的具体领域和方向。

其次,课程体系的动态调整。根据行业需求的变化,及时调整课程体系,新增或更新相关课程。例如,随着信息技术的快速发展,许多传统行业开始引入大数据、人工智能等新技术,职业教育机构应及时增加相关课程内容,确保学生能够掌握最新的技术知识和应用技能。

再次,实训项目的更新与优化。实训项目是职业教育的重要组成部分。通过实际操作训练,学生能够更好地掌握职业技能。职业教育机构应根据行业需求的变化,及时更新和优化实训项目。例如,可以引入企业的最新技术和设备,设置与实际工作环境相似的实训项目,使学生在校期间就能够接触和掌握最新的技术和设备操作方法。

然后,教师队伍的培训与提升。教师是教学内容更新的重要实施者,其自身的知识和技能水平直接影响到教学效果。职业教育机构应加强教师的培训和提升,定期组织教师参加行业培训、企业实践和学术交流,提升教师的专业水平和教学能力,通过教师队伍的提升,确保教学内容的更新能够顺利实施。

最后,建立长效的反馈机制。职业教育机构应建立长效的反馈机制,通过学生、企业和行业专家的反馈,不断改进和完善教学内容。例如,可以通过学生的就业跟踪调查、企业的用人反馈、行业专家的评估意见等方式,了解教学内容的实际效果和存在的问题,及时进行调整和优化。

综上所述,基于行业需求的内容更新是职业教育教学内容动态调整的关键,通过系统的行业调研、科学的课程体系调整、实训项目的优化、教师队伍的提升和长效的反馈机制,可以确保职业教育教学内容始终保持与行业发展的同步,为学生的职业发展提供有力的支持。

(二)信息化背景下教学内容的动态调整

信息化时代的到来,给职业教育带来了新的机遇和挑战。信息化背景下的教学内容动态调整,不仅要适应信息技术的快速发展,还要利用信息化手段提升教学效果。信息化背景下教学内容的动态调整主要包括以下几个方面。

第一,信息技术在教学内容中的应用。信息技术的发展为职业教育提供了丰富的教学资源和工具,职业教育机构应充分利用信息技术,丰富教学内容。例如,通过引入在线课程、虚拟实训平台、多媒体教学资源等,学生能够通过多种途径获取知识和技能。信息技术的应用,不仅可以提升教学效果,还可以增强学生的学习兴趣和参与度。

第二,教学内容的数字化和网络化。职业教育机构应积极推进教学内容的数字化和网络化,通过建立数字化教学资源库和在线学习平台,使学生能够随时随地进行学习。例如,可以将课程内容、实训项目、教学案例等数字化,上传到在线学习平台,方便学生进行自主学习和复习。通过网络化的教学资源共享,学生可以获取最新的教学内容,提升学习效率。

第三,基于大数据的教学内容调整。信息化背景下,大数据技术的发展为教学内容的动态调整提供了新的方法和手段。职业教育机构可以通过大数据分析,了解学生的学习情况、教学效果和行业需求,从而对教学内容进行科学的调整。例如,通过对学生的学习数据进行分析,发现教学内容中存在的问题和不足,及时进行调整和优化。通过对行业大数据的分析,了解行业发展的最新动态和技术需求,更新教学内容,确保学生所学知识和技能符合实际需求。

第四,信息化教学模式的创新。信息化背景下,传统的教学模式已经不能完全适应现代职业教育的需求,职业教育机构应积极探索和创新信息化教学模式。例如,通过翻转课堂、混合式教学、项目化学习等教学模式,使教学内容的传授更加灵活和多样化。信息化教学模式的创新,不仅可以提升教学效果,还可以培养学生的自主学习能力和创新思维。

第五,信息化教学内容的评估与反馈。信息化背景下,教学内容的动态调整需要有效的评估和反馈机制。职业教育机构应建立信息化的教学内容评估体系,通过学生的在线学习记录、教师的教学反馈、企业的用人评价等多方面的数据,评估教学内容的实际效果。例如,通过在线测试和问卷调查,了解学生对教学内容的掌握情况和满意度;通过企业的用人反馈,了解学生在实际工作中的表现,及时调整和优化教学内容。

第三节　职业教育教学原则

一、职业教育教学原则概述

(一)职业教育教学原则的内涵与作用

职业教育教学原则是指导职业教育教学活动的重要准则,其内涵包括教育理念、教育目标、教育方法和评价标准等多个方面。首先,职业教育教学原则的内涵涉及职业教育的基本理念,即以就业为导向,注重学生实际操作能力和职业素养的培养。职业教育不同于普通教育,其核心目标是为社会和企业培养具有特定技能的专业人才。因此,职业教育教学原则强调实践性、应用性和职业性,以确保学生能够在毕业后迅速适应工作岗位的要求。

职业教育教学原则的作用主要体现在三个方面。第一,明确教学目标。教学原则为职业教育确定了具体的培养目标,使教学活动有了明确的方向和标准。通过这些原则,教育机构可以更有效地设计和实施课程,确保教学内容与实际工作需求紧密结合。第二,优化教学过程。教学原则为教育方法和教学手段提供了指导,使教师在教学过程中能够选择最合适的教学方式,提高教学效果。例如,项目教学法、案例教学法和实训教学法等在职业教育中的广泛应用,都是基于职业教育教学原则的指导。第三,保障教学质量。教学原则为教学质量评价提供了标准,使教育机构能够对教学效果进行科学评估,及时发现和改进教学中的问题,确保教育质量的不断提升。

职业教育教学原则还具有一定的灵活性,能够根据不同的职业领域和学生特点进行调整。例如,在技术密集型行业,教学原则可能会强调学生对新技术的掌握和创新能力的培养;而在服务行业,教学原则可能更注重学生的沟通技巧和服务意识的培养。这种灵活性使得职业教育能够适应不同职业和岗位的需求,为社会提供多样化的人才。

总的来说,职业教育教学原则的内涵丰富且作用显著。它不仅为职业教育的实施提供了理论依据和实践指南,还在优化教学过程、提升教学质量和满足社会需求方面发挥了重要作用。通过遵循这些原则,职业教育能够更加有效地培养高素质的职业人才,为经济社会发展作出积极贡献。

(二)教学原则在职业教育中的应用

职业教育教学原则在实际教学中的应用至关重要,它们直接影响到教学效果和学生的职业能力培养。以下是几种主要教学原则在职业教育中的具体应用实例。

第一,实践性原则的应用。职业教育强调理论与实践相结合,实践性原则要求教学活动必须包含大量的实际操作训练。比如,在机械加工专业的教学中,除了课堂上讲授理论知识外,学生还需要在实训车间进行机械加工操作,掌握车床、铣床等设备的使用方法。通过反复的实践训练,学生能够将理论知识应用于实际操作中,提升动手能力和问题解决能力。

第二,针对性原则的应用。职业教育的目标是培养能够满足特定岗位需求的专业人才,因此,教学内容和教学方法必须具有很强的针对性。例如,在护理专业的教学中,针对性原则体现在课程设计上,包括基础护理、急救处理、病患沟通等内容。此外,教学方法也要根据学生的实际情况进行调整,比如,对于动手能力较弱的学生,可以增加模拟训练的次数,以提高他们的技能水平。

第三,实效性原则的应用。职业教育必须注重教学的实际效果,确保学生在学习过程中能够真正掌握职业技能。例如,在电子技术专业的教学中,教师会通过项目教学法,让学生参与实际项目的设计和制作,从而提升他们的实际操作能力和团队合作能力。项目结束后,通过对作品的评估,学生可以清晰地了解自己的学习效果,并在以后的学习中不断改进和提高。

第四,灵活性原则的应用。职业教育面向的学生群体具有多样性,不同学生的学习背景和职业需求各不相同。因此,教学原则必须具有一定的灵活性,能够根据学生的具体情况进行调整。例如,在成人职业教育中,教师可以采用灵活的教学时间安排和多样化的教学方式,如线上线下结合的混合教学模式,来满足成人学生的学习需求。

第五,前瞻性原则的应用。职业教育不仅要关注当前的职业技能培养,还要具有一定的前瞻性,培养学生的创新能力和可持续发展能力。例如,在信息技术专业的教学中,教师除了教授现有的技术和工具外,还会引导学生关注行业发展趋势,学习新的编程语言和技术,培养他们的持续学习和创新能力。

二、教学原则的分类与应用

(一)基本教学原则:循序渐进、因材施教等

在职业教育中,基本教学原则是指导教学活动的核心理念和基本方针。这些原则不仅适用于职业教育,也在普通教育中广泛应用。以下将重点探讨循序渐进和因材施教这两个基本教学原则的内涵和在职业教育中的应用。

1.循序渐进

循序渐进原则强调教学内容和过程的系统性和渐进性。职业教育中

的循序渐进原则要求教师在教学过程中,按照由易到难、由浅入深的顺序安排教学内容,使学生在逐步积累知识和技能的过程中,能够稳步提升。

循序渐进原则的内涵在于通过系统地组织教学内容,使学生能够逐步掌握知识和技能,避免知识点的跳跃和断层。这一原则的作用在于能够帮助学生打好基础,逐步深入,提高学习效果。例如,在机械加工课程中,教师会先教授基本的工具使用和简单的加工工艺,然后再逐步引入复杂的机械加工技术和操作。

在实际教学中,循序渐进原则的应用可以通过模块化教学来实现。以电气工程专业为例,课程设置通常从基础电路开始,逐步到电力系统,再到高级控制系统,每一阶段的学习内容都是后续内容的基础。通过这样的设计,学生能够系统地掌握电气工程的各个方面,从而具备全面的职业技能。

2.因材施教

因材施教原则强调根据学生的个体差异制订教学方案,以满足不同学生的学习需求和发展潜力。职业教育中的因材施教原则要求教师在教学过程中,关注学生的兴趣、能力和背景,提供个性化的教学支持。

因材施教原则的内涵在于教育应尊重学生的个体差异,通过差异化的教学方法,帮助每一个学生发挥其最大潜力。这一原则的作用在于能够提高学生的学习积极性和主动性,促进他们全面发展。例如,在软件开发课程中,教师可以根据学生的编程基础和兴趣,分别安排不同难度的编程项目和实践任务。

在实际教学中,因材施教原则的应用可以通过分层教学和个性化辅导来实现。以护理专业为例,教师可以根据学生的学习进度和实践能力,将班级分成不同的小组,每个小组分别进行基础护理、专科护理和高级护理的学习和实践。同时,对于学习进度较慢的学生,教师可以提供一对一的辅导,帮助他们跟上整体进度。

(二)特殊教学原则:职业技能训练、综合素质培养等

职业教育除了基本教学原则外,还有一些特殊的教学原则,这些原则

特别强调职业技能训练和综合素质培养。以下将重点探讨职业技能训练和综合素质培养这两个特殊教学原则的内涵和在职业教育中的应用。

1. 职业技能训练

职业技能训练原则强调通过实际操作和实践活动,培养学生的职业技能和操作能力。这一原则在职业教育中具有特殊的重要性,因为职业教育的目标是培养能够胜任特定职业岗位的专业人才。

职业技能训练原则的内涵在于通过实践活动,使学生在真实的工作环境中,掌握必要的职业技能和操作流程。这一原则的作用在于能够缩短学生从学习到就业的适应期,提高他们的就业能力和工作效率。例如,在汽车维修课程中,教师不仅要教授汽车维修的理论知识,还需要通过实际操作,使学生掌握发动机维修、故障诊断等具体技能。

在实际教学中,职业技能训练原则的应用可以通过实训基地和校企合作来实现。以建筑工程专业为例,学校可以建立建筑施工实训基地,让学生在模拟的施工现场进行实际操作,学习施工技术和安全管理。同时,学校还可以与建筑企业合作,安排学生到企业进行实习,通过真实项目的参与,进一步提升他们的职业技能。

2. 综合素质培养

综合素质培养原则强调不仅要传授学生职业技能,还要全面提升学生的综合素质,包括职业道德、沟通能力、团队合作能力和创新能力等。这一原则在职业教育中尤为重要,因为现代职业对从业者的综合素质要求越来越高。

综合素质培养原则的内涵在于通过多种教学活动和实践,全面提升学生的职业素质和综合能力。这一原则的作用在于使学生不仅具备扎实的职业技能,还具备良好的职业素养和综合能力,从而更好地适应职业发展的需求。例如,在商务管理课程中,除了教授管理知识和技能外,教师还要通过案例分析、小组讨论和项目管理等活动,培养学生的领导能力和团队合作精神。

在实际教学中,综合素质培养原则的应用可以通过多样化的教学活动和实践项目来实现。以酒店管理专业为例,教师可以通过情境模拟和角色扮演,让学生在模拟的酒店环境中,学习客户服务、应急处理和团队协作。同时,学校还可以安排学生参与社会服务和公益活动,通过实际行动,培养他们的职业道德和社会责任感。

第二章　职业教育教学体系

第一节　职业教育教学组织

教学组织形式,即师生在教学活动中相互作用的活动方式。教学组织多种多样,主要可分为班级教学、小组教学及个别化教学三种。它们都各有其特点和适用范围。

教学的内容直接影响教学的方式。教学的方式与所教授的内容是相互影响的。教育方式展现了其主动性。选择和应用适当的教学组织方式,会直接影响到教学的规模、质量以及实现教学目标的可能性。

一、主要教学组织形式及其特征

(一)班级教学

课堂内的授课也被称为班级教学模式。这种教学模式是按照学生的年龄和认知水平将其组织为固定的小组(即班级),然后由教师基于课程内容、时长和时间安排来进行教学的组织方式。在大学内,班级中学生数量不一,有的只有几十名,有的则有数百人。通常情况下,按照学生人数的多少来判断,大学通常会划分为大班、中班和小班。

班级教学的主要优点:第一,教师同时向众多学生传授知识,并依据每名学生的平均能力来上课,这增强了教师的教学影响力,从而产生了明显的规模上的教学效果;第二,在一个既定的时间段内逐步教授完整且内容丰富的知识内容;第三,帮助教师精心进行教学设计,从而充分发挥其在整个教育过程中的引领作用;第四,通过教师与学生面对面互动,教师可以及时获取到教学过程中的反馈,并据此调整教学内容与教学手段;第五,该活动有助于组织团体合作和促进人际交流,同时也有益于学生形成和发展健全的人格、集体意识和竞争意识,从而加速大学生社会化过程的进程;第六,这对于提高教学管理的科学性与规范性是极为有益的。

班级教学的局限性:第一,教学活动经常基于一个假设中的平均水平进行,这可能忽视了学生个体的不同特征,不利于因材施教和个性培养;第二,教学过程往往是教师主导,这不太有利于激发学生的主体性、独立思考和积极投入;第三,学生的学习方式主要集中在被动接受,这种学习模式并不有利于激发学生的创新精神、探究和创造潜能;第四,动作技能的训练并不适用。

(二)个别化教学

个别化的教学方法是为了更加符合学生们的学习需求、兴趣、智能、认知途径和个性特质而构建的一种教学策略。

个别化教学主要优点:首先,这种方法非常符合学生的学习需求、认知能力和学习节奏,它帮助教师个性化教学,促进学生个性化成长;其次,该方法能激发所有参与主体的主观能动性和积极性,从而从教学活动中获得应得的好处和收益;再次,这对于培养学生的自主探究、独立学习以及自我教育和提升自己的修养方面是大有裨益的;最后,这种方法可以扩大学习的时间和空间变异性。

个别化教学局限性,主要有:首先,如果长时间地使用这种教学形态,将会削减教职员工与学生、同伴之间的互动,这不仅会破坏合作和竞争意识的健康发展,还可能阻碍个体在社会化过程中的进步;其次,由于学习方式乏味,可能会降低学生学习的热忱并导致疲劳;第三,所需费用非常高昂,而且会消耗相当多的时间、精力以及物资;第四,可能不会适合那些学习主动性较差的人。

(三)小组教学

小组教学方法是由人数适中、并为实现共同学习目标而创建的集体教育组织方式。理想的规模通常是每小组5~7名成员。可以构建为学科型的组织或者是活动型的小组,根据学习的目标、活动的目的和其属性来定。为了实现知识的增长、价值的增强和更多内容的创造,小组应该由具有不同智能结构或不同性格的成员组成。

小组教学带来的显著益处为:首先,它能够为学生提供直接参与教育的平台,这有助于他们更好地展现主体性,进一步提高他们的参与意识和组织水平;其次,教师与学生、学生与学生之间互动的相互激励、启发智慧,不仅能助力学术的民主化,增强团结与合作的态度,还能完善个性、提升人际交往能力,是推动个体社会化的关键路径;其三,通过信息的相互交汇,我们可以实现信息的增值和创意,形成智慧性的组合和整合,从而促进创新和学习。

小组教学存在的主要短板包括:控制教学进度的难度增大,教学目标和一致性不太明显,组织和执行工作也相对繁琐,具有一定的挑战性。

二、教学组织形式的选择和优化组合

为便于教学组织形式的优选和优组,表 2-1 列举了 3 种教学组织形式的对比。根据此表,可以较顺利地选择不同教学任务的教学组织形式,并形成最优的组合。

表 2-1　教学组织形式类型及比较

教学组织形式	项目							
	传授知识信息	培养动作技能	促进个体社会化,形成健全人格	培养探索精神和创造能力	因材施教,培养个性	发挥教师主导作用	教学管理科学规范和调控	形成规模教学效益
班级教学	○	×	○	×	×	○	×	○
小组教学	△	△	○	○	△	△	○	△
个别化教学	△	○	×	△	○	×	×	×

注:效果强度:○>△>×。

第二节　职业教育教学方法

课堂教学设计是一个系统的规划过程。在进行了教学目标的分析与设计、教学内容的组织与展开设计、教学模式的优化与综合、教学媒体的选择与组合之后,就要为实现教学目标,将教学的内容与手段有机结合起来,筹划师生教学的组织、操作和控制的方式、途径和措施。这就是教学方法的选用和设计。

一、教学方法的概念

教学方法的定义和表述是一个复杂的,且具有多层次结构的概念,可以从广义、狭义两方面来理解。

从广义方面讲,教学方法是师生教与学双向的活动方式、手段、途径、技艺及策略的总和。换言之,它是教法与学法、教学手段与教学形式、教学策略与教学技术的有机统一体。

从狭义方面说,教学方法是指教师在教学中采用的教学组织、设计和表达方式、手段、技艺与策略的整个体系。

教学方法与教学策略、教学方式、教学手段、教学形式密切相关,但又互有区别。技巧性的教学策略是某一种教学方法的具体体现,而教学方法则是多种教学策略的综合应用,带有某种共性和规律。

教学方式是指师生教学活动的具体方式,如提问、演算、推导、展示图形或模型等。它是构成教学方法的具体细节和要素。一连串的教学方式构成了一定的教学方法。

教学手段本是教学方法,但它们的应用和组合方法,则属于教学方法的范畴。

教学形式即教学活动的时空形态,如讲授课、实验课、实习课、采风课、见习课、自习课、讨论课、设计课等。教学形式非教学方法,但如何组织、设计和实施教学形式,则属于教学方法的范畴。

二、教学方法的应用、设计和创新

教学方法具有变异性和灵活性,教师可以灵活地选用,且应与教学实践相结合,努力设计和创新,这是课堂教学优化设计创新的重要保证。

教学方法应用、设计和创新的基本原则,至少有以下几点。

(一)贯彻启发式、发现式教学原则

启发式教学要求按照学生认知事物、掌握知识技能和解决问题的思维过程,逐步启发学生专注认知对象,引导生疑释疑,激励思考,层层深入,直到积极主动地领会和掌握知识技能。启发类型多种多样,如激疑启发、情境启发、比喻启发、联想启发、类推启发、想象启发、臻美启发、对比启发等。启发式教学的实质,就是启动学生学习的主体性、主动性、积极性。变教学的单向传输为双向互动。

发现式教学,是在教师的引导、启发和激励下,使学生通过一系列发现的步骤,主动、自觉地探究知识或理论。这种方法,有助于培养和发展学生的认知兴趣、创意创造的好奇心和创造欲,以及独立观察、发现、思考和解决问题的能力。

(二)着眼于学生智力开发和能力培养,使其知识、智能和素质协调地发展

传统教学方法在传授知识、技能方面着力较多,积累了丰富的经验,但对学生智力开发、能力培养,以及知能内化为素质等方面研究较少,经验不多,值得大力探索。

从现在来看,学生独立认知能力(自学能力)、实际操作能力(动手能力)和探索创新能力(创意创造能力)显得格外重要。这些能力既是最基本的,也是最欠缺的。教学方法的创新,理应从这三种基本能力着手。例如,实验课变验证性实验为设计性实验,设计课变单一模式为多方案模式等。

(三)积极应用现代教育教学技术

现代教育教学技术的应用,促进了教学的整体改变,其中也包括教学方法的改革和现代化。如近年来开展的多媒体组合教学,就是一种新的教学方法,为高职教学方法全面改革开创了新局面。可见积极应用和开发现代教学媒体,对探讨现代教学方法或教学方法现代化、实现教学最优

化的目标,有着巨大的作用。

(四)积极引进相关科学研究成果

教育学与哲学、心理学、系统学、传播学、计算机科学与技术等均有密切的关系。积极引进、借鉴和吸收这些科学的研究成果,是现代教学方法的应用和创新的重要途径。例如学习成功心理学、现代教育技术、计算机技术等在教育教学过程中的应用,对教学方法的改革和创新都起着不容忽视的作用。

(五)多种教学方法的组合或综合

从创造技法来看,综合或组合就会带来创新。有机组合、取长补短,就能使教学方法向多样化、综合化、最优化和新颖化的方向发展。

传统的讲授法具有计划性、系统性强、传输知识信息量大,有利于师生即时反馈、双向交流等优势;而电化教学法则具有形象逼真、动态直观,利于信息接收和感悟、理解等特征。如果将两种教学方法有机结合起来,按系统论原理和方法有序地组织和设计,就会形成很多有效的新型教学法。如插播教学法、程序片教学法、多媒体组合教学法、视听强化教学法等。综合是一种创造,组合会带来创新。这是创造学的一条重要原理。

三、几种常用现代教学方法简介

(一)插播教学法

它是在讲授过程中,适时穿插播放电教教材(电视短片等,短则几分钟长至十几分钟)的一种教学方法。具体实施:

第一,在教室内配备录像机、闭路电视遥控操作装置或简易传话装置,最好是配备教师可以直接操作录像机的装置。

第二,教师针对重点或难点(尤其是那些难以用语言或其他媒体表达的内容),选择或制作插播型电视教材(插播短片)。

第三,设计好教学方案和程序,确定插播片的插播时机、方式和时长。可以采用先讲后播、先播后讲、边讲边播等形式。讲播结合、相互补充和促进。

第四，插播电视教材应与文字教材配套，内容精练、时间短，且要有明确的目的，不随意凑合。

插播教学法有三个特点。首先是可以优化教学过程，插播电视短片可为课堂教学提供丰富的感性材料，有利于突出重点、攻克难点，使传统教学与电化教学融为一体，取长补短，相辅相成，显著优化课堂教学过程。其次，该种方法机动灵活，播讲穿插形式多样。可克服一般电视教学播放时间长，节奏快，难以吸收、记忆，缺乏交流思考等缺点。既能发挥教师主导作用，又能显示电化教学动态直观和高效率的优势，增加了教学的生动性、直观性、趣味性和灵活性，还可方便师生双向交流。最后，方便实用，效益显著。插播片短小精悍、内容精练、有的放矢、突出重难点，方便课堂教学，且制作简便、经济实用。

(二)视听强化教学法

它是根据强化理论，充分发挥电化教学声、光、形、色、动等对视觉和听觉器官的直接作用，从而产生强化效果的一种新型教学方法。视听强化教学法的具体实施如下：

第一，设计强化教学程序。其一般教学程序是由刺激—反应—强化所构成的序列，即应用电教媒体色彩的变化，画面的显示，镜头的快慢、转换、停格、特写、特技、字幕等手法，促成学习过程刺激与反应的连接和知识的内化。如在外语语言教学中，先提供示范发音和必要的讲解，再让学生模仿发音，紧接着进行视听强化，即应用电视教材，显示发音时口舌的变化方位、强度、持续、停顿、气流运动等视觉形象及示范发音，从而达到形成视觉表象与发音动作协同一致的强化效果，并可根据模仿发音情况，纠错纠正，进行再次强化。

第二，恰当选择强化时机。一般宜选择紧跟在那些要加以巩固的反应后立即予以强化，并在2～3天内再次强化，以巩固强化效果。

第三，强化物通常是操作条件反应后得到的"报酬"或"目标物"，它可以激发学生的积极反应、兴趣及满足感。在教学过程中要设置一系列的强化物,利用多种强化方式和手段,对每一个小的教学步骤或单元进行有效的正向强化(积极反应的强化)。

第四,要准确设计强化的方式与频度(因学生特征及学科特点而异)。对于大学生应设计适应其心理特点的具体方式,并以激发其成就感为主。按时间序列,一般可分为固定间隔强化和可变间隔强化两种方式。前者是每隔相同的时间进行一次强化;后者的间隔时间则是随机变化的,有时可持续地给予强化,有时则隔较长时间才给予强化。一般来说,可变间隔强化的反应比率比固定间隔的要高一些。

视听强化教学法的主要特点是充分利用视听媒体的再现性、模拟性来实现重复学习和多次强化的目的,并结合运用言语强化、内部强化等多种方式,产生强有力的学习激励作用,具有正向激励、行为矫正、行为塑造等特殊作用。这一教学方法尤其适用于需要进行反复训练和识记的学科,如外语、体育、舞蹈及形态等学科。

(三)问题引导教学法

它是以问题作引导,组织学生为解决某一新问题而展开学习(如自学各种材料、查阅文献资料、通过现代媒体学习等),从而将学生独立探索与掌握知识、技能有机结合起来的一种新型教学方法。它强调学生科学思维能力的培养,强调早期接触生产实践,强调在任务模拟环境下学习。具体实施如下:

第一,向学生提供一套经过精心设计的"问题"或"问题情景",以此引导学生去思考、学习相关基础知识。设计的问题必须紧密结合生产实践或生活实际,有适宜的广度、深度,通过教师的指导和自身的努力,学生能够独立解决。

第二,自学与感知。学生根据自学辅导材料(包括教学目标、相关学科内容范畴、指定参考书、参考文献及其他辅导资料)和提供的各种学习条件、学习资源,如电视教材、CAI、幻灯片、实物、标本、模型、自学,以及教师辅导,从而掌握解决"中心问题"的相关学科知识和技能。

第三,小组讨论。学生写出书面材料,对问题提出合理解释及处理、解决办法。在教师指导下进行讨论、相互启发,使问题解决更加完善。

第四,对学生的学习成绩及学习效果进行考核,对学生解决问题的方案进行评价,并利用反馈信息改进教学。

问题引导教学法的主要特点有以下两点:

首先,教学内容的组织与展开打破了现有学科体系的人为界限,以实践中的问题为线索,将各个相关学科的知识综合起来,按照学生解决某一中心问题的思路去设计,将理论教学与生产实践结合起来,从而实现了学生在问题解决中学习的目标。

其次,充分调动学生的主观能动性,在问题引导下,以自学为主,使学生的学习成为自主性、探索性的活动。这要求学生独立寻找解决问题的途径和方法,并在解决问题的过程中学习知识和技能,教师主要组织和引导学生完成任务。

(四)发现式教学法

与问题引导教学法有某些共同之处,它们同属于问题解决式教学的范畴。发现式教学法强调学生是知识的"发现者",学生的学习不再是被动地接受,而是主动地探求,从而充分发挥学生的创造力、想象力,培养独立观察、分析和解决问题的能力。该教学法的具体实施是:

第一,提出和设计探究目标(中心问题)。教师从学科内容、学生主体或社会生活中引出探究的目标,即授课的中心问题,可以直接提出或通过讲解、呈现图例或实验过程等设置所要探求的问题情景,引起学生的悬念、好奇,使学生有一种跃跃欲试的心态。提出的探究目标,要符合教材本身的特点和学生的认识水平,要有典型性,富于启发性,难度适中。

第二,引导探究,提出假说。引导学生对问题进行讨论,提出假说和解决问题的各种途径,并鼓励学生大胆地猜想、想象;或者将发现过程分解为几步,引导学生一步一步地发现原理、摄取新知。

第三,分析论证,检验假设。从理论、实践上进行分析论证,检验假说是否正确,对正确的"发现",加以科学的整理、加工和提炼,用科学的语言准确表达,形成概念、定理、定义、公式;对于错误的"发现",分析其错误的理由。

第四，总结提高，应用迁移。对学生的讨论和"发现"，要去粗取精，使之上升到抽象的认知层次，还要从抽象的层次转移到具体的情景中来。即让学生应用概念、理论去解释新的现象，解决新的问题，并总结概括，得出准确的结论。

这种教学法的主要特点有以下三点：

首先，强调在课堂教学的自由气氛中，让学生展开想象的翅膀，自由大胆地探究。学生能充分展开能动的学习活动，甚至扮演主角。教师的主要工作是引导学生探究，间接提示学生，激励学生思考，一步一步地引导学生自己主动地"发现"和摄取知识。

其次，强调直觉思维作用。传统教学主要强调逻辑思维或分析思维，即按逻辑推理方法，一步一步地推算、推断直至得出结论，而发现式教学更强调直觉思维的作用。发现式教学强调大胆地推测，不拘泥于学生的成败，并对学习能力较弱的学生的回答予以充分重视，提高其自信心。

最后，运用发现技法，引导学生"发现"知识。通过典型的发现过程，培养学生的思维能力，通过提供有序的、结构化的知识信息，引导学生发现和形成内在的认知结构，即形成有探究能力的、可迁移的认知结构。

(五)学导式教学法

学导式教学法又称自学辅导法、读书指导法。它是在教师指导下（如提供自学提纲、自学辅导资料、参考书籍等），以学生自学为主、教师精讲为辅的一种新的教学方法。该教学法的具体实施如下：

第一，教师编写自学指导提纲，出好思考题、讨论题、实例分析题，并做好参考答案。题目要有一定的难度，具有代表性、启发性，使学生能够查资料、动脑筋，并能独立完成。

第二，自学阅读，启发引导。根据课程安排，有计划、有步骤地组织学生自学，一般宜选择难度小、易于自学的内容或课程后期内容。自学前可简要讲解自学技巧，重在掌握基本概念、基本理论和基本技能，明确重难点，以达到"钻进去，理头绪，找问题，有答案"的目标。教师重在指导、启发和提示,授之以法,一般性的问题让学生自己解决,要倡导敢于质疑、提出新问题。同时教师要注意收集带有共性的问题及学生尚不能自己解决的问题。

第三,组织讨论,相互启发。组织全班或小组讨论,各抒己见,相互启发,深入思考,共同提高,并培养学生语言表达的能力。

第四,解难答疑,精讲归纳。教师对一般共性问题统一答疑,并以少而精的原则,对重点内容、关键问题加以精讲、点拨、总结提高。

这种方法的主要特点是:

首先,学生成为教学活动的主体,能够培养学生主动摄取知识的能力。

其次,教师成为引导者和指导者,教师以引导和指导为主,重在释疑解难;组织讨论,分析评价,精讲启发,引导学生主动探索;注重智能培养。

最后,学导结合,学练结合。把自学、精讲、讨论、练习结合起来,从而使课堂教学结构多样化,以显著提高教学效果。

与其他教学法一样,它也有一定的应用条件和适用范围。如学生要有较强的自学能力,且课程难度要小。要使学生改变传统的学习习惯,逐步适应这一新的教学方法。

(六)微机教学法

主要通过摄录设备将学生的技能训练过程录制下来,并将这些资料进行分析、评价,使学生正确认识自我、及时得到反馈,并通过技能分解、分步示范及录像技术手段,进行卓有成效的技能训练。其具体实施如下:

第一,讲解与示范。播放规范化技能训练录像或教师演示、讲解技能要点;对重、难点进行分步示范、演示,学生模仿、学习。

第二,演练与实录。学生在微机教学视听实验室进行分步训练、模仿、实习或全过程的演练,同时将实践和演练过程录制下来。

第三,反馈与纠正。播放刚录制的录像资料,教师指导学生进行自我分析、自我评价,及时找到并改正存在的问题,必要时重复上述过程,直到学生掌握技能为止。

第四,总结与提高。教师对技能训练进行分析总结,强化难点内容的训练,并评价总体训练效果。

该教学方法的主要特点有:

首先,训练过程的自我即时反馈。微机教学通过摄录机将学生的技能训练或实践过程如实记录下来,及时准确地反馈给学生,并给予客观的评价,使学生能正确认识自我,进行自我分析、自我评价,及时找到并改正存在的问题,印象深刻,易于矫正和提高自我。

其次,训练过程的程序化。微机教学强调将复杂的技能分解为若干个部分,以程序教学方式分步学习,并充分利用录像技术(如动作分解、慢动作、定格、逐帧显示、重放等),强化技能训练的关键环节,再进行整体的集中训练,从而使技能学习更有成效。

最后,训练环境安全自信。微机教学将训练过程置于装有摄录设备的视听实验室内,是一个令学生感到安全、自信的小型模拟环境,并有预先的设置条件和保护措施,能够方便训练学生的基本技能。

微机教学法是一种有效地进行技能训练的教学方法。可应用于教学、实验、艺术、体育等许多技能训练教学中。

(七)多媒体教学法(多媒体组合教学法)

是利用系统方法进行教学设计,充分开发和利用现代教学媒体(包括多媒体计算机、多媒体电视投影系统等高新技术媒体),以多种媒体优化组合的形式,进行课堂教学的现代教学方法。它强调传统媒体与现代媒体的有机结合。各展其长,相互补充,共同构成优化的多媒体群,强调传统教学(讲授)与电化教学的有机整合,共同构成优化的课堂教学结构;强调接受式教学与发现式教学并重,充分发挥师生的两个积极性。

第三节　职业教育教学模式

教育教学模式包括教育模式和教学模式。教育模式是在一定社会条件下形成的教育具体式样,它反映了各个国家在教育制度上的不同特点。

譬如美国教育模式,地方分权、开放、多样;而我国教育模式,集中统一,以国家办学为主,社会力量办学为辅。

教学模式,则是在一定的学习理论、教学理论等理论指导下,根据对学习内容、学情的分析,从而形成的对教学过程的组织方式的简要概括。它是对课堂教学结构和教学过程实施的一种假设。

教育是培养人的社会活动,教学则是教师教和学生学的共同活动。虽然教育包容了教学,但任何教学都具有教育性。因此,教学模式这个集合是教育模式集合的子集,即:

$$教学模式 \subseteq 教育模式$$

一、教育教学模式的层次

教育理论、学习理论和教学理论的发展性和复杂性,以及教学内容和学情的差异性决定了教育教学模式的多样性。每一种模式都有其优势、局限性和适用环境。因此,就存在着多种教育教学模式的选择和组合,以及优化的可能性和现实性。

教学模式按其适用范围的不同,可以分为以下三个层次:

宏观层次:以"教为中心"的传统模式;以"教为主导、学为主体"的过渡模式;以"学为中心"的未来模式。

中观层次:接受教学模式;程序教学模式;问题解决教学模式;探究发现教学模式等。

微观层次:根据对认识论、课程论、教学论、价值论、方法论等的研究,从逻辑结构、历史结构、学科结构进行探索所得到的各种教学模式。

宏观层次的教学模式,是一定的教育思想在教学实践中的反映。随着教育思想的不断更新和信息技术的迅速发展,忽视学生学习主体性的传统模式,将逐渐被发挥学生主体性的过渡模式和未来模式所代替。

中观层次的教学模式,是对教学过程实施程序的一种规范。如接受教学模式以讲为主,系统讲授书本知识;程序教学模式是设置个人学习情境,严格控制学习过程的模式;问题解决教学模式是以问题为中心,组织学生从活动中学习的模式;探索发现教学模式是提供结构化材料,引导学生进行探究发现式学习的模式。

微观层次的教学模式,是对课堂教学结构过程的一种假设。我国教育学家查有梁在这方面进行了广泛、深入、系统的研究,先后出版了《大教育论》《教育模式》《教育建模》等著作。本节所提供的各种教学模式即查有梁教授的研究成果,可为教学模式的选择、策划提供科学的思路和方法。

二、教育教学模式的逻辑结构

教育教学模式的逻辑结构,可根据对认识论、课程论、教学论、价值论和方法论等多方面的研究构建出来,可区分为基础教育模式、创造教育模式、成人教育模式、学科教育模式、活动课程教育模式、潜在课程的教育模式、教学论教育模式、学习论教育模式、艺术论的教育模式九类。

(一)基础教育模式

皮亚杰提出的发生认识论将儿童认识论的形成分为 4 个阶段,即感知运动阶段、前运演阶段、具体运演阶段和形式运演阶段。与此对应的教育模式分别如下:

1.感知模式

感知模式,应理解为感知水平的教育模式。这一模式在于发展人的智慧,关键是通过各种活动,使学习者感官充分接收外界信息,建立起越来越多的认识图式,即在头脑中形成各种各样的表象。从感知中学习,不仅婴儿如此,对成人也适用。凡是学习从未感知过的新领域的知识和技能,都需要采用这种感知模式:先体验,而后在感知过程中学习。

2.游戏模式

游戏模式,应理解为前运演阶段的教育模式。经过感知水平的教育之后,就可调动学习者的兴趣,通过"寓教于乐",发展人的智慧和认知能力,获得新的信息、知识或技能。这种模式适用于幼儿,也适用于成人。

3.具体模式

具体模式,应理解为具体运演水平的教育模式。在经受了感知、前运演水平的教育之后,就可以运用具体、直观的形象,采用情景交融的模式,使学习者获得新知识或新技能,这就是具体教育模式,这种模式不仅适用于小学生,也适用于成人。

4.形式模式

形式模式,应理解为形式运演水平的教育模式。形式运演水平,可以理解为根据语言、文字符号进行假设、演绎和推理,但仍需要从形象到抽象、从具体到形式进行逻辑思维和运演。这是初中阶段的主要教育模式,成人当然也可以采用。

上述4种模式的模式特点、基本教育过程和适用范围见表2-2。

表2-2 基础教育模式

模式名称	模式特点	基本教育特点	适用范围
感知模式 A1 型	主体活动,在感知中学	刺激→感知→活动→反馈	感知运动阶段
游戏模式 A2 型	游戏为主,从玩中学	兴趣→游戏→引导→鼓励	前运演阶段
具体模式 A3 型	形象为主,具体地学;情境交融,直观地学	直观→记忆→理解→练习→评价	具体运演阶段
形式模式 A4 型	抽象为主,形式地学;逻辑为主,系统地学	预备→提示→联系→系统→应用	形式运演阶段

(二)创造教育模式

查有梁教授根据其"发展认识论",把青年以及成人的认识发展也分为4个阶段:直觉运演阶段、结构运演阶段、综合运演阶段、体系运演阶段。对应的教育模式,则分别为:直觉模式、结构模式、综合模式和体系模式。

1.直觉模式

直觉模式,应理解为直觉运演水平的教育模式。经过基础教育模式的培养,青少年已具备直觉思维能力,认识提升至直觉运演阶段。它是以整个知识为背景的,直接且迅速的认知,特点是:整体的、跳跃的、猜测的、非逻辑的,由感知直抵事物的本质。

在经验基础上应用直觉,重视猜测,是培养创造性的重要一步,它适用于高中水平的教育,高职教学也应当继续予以发扬。

物理学家福克认为:"伟大的,以及不仅是伟大的发现,都不是按逻辑的法则发现的,而是由猜测得来;换句话说,大都是凭创造性的直觉得来的。"培养学生的创造性,就应采用并发扬直觉教育模式。

2.结构模式

结构模式,应理解为结构运演水平的教育教学水平模式。只有大学生对所修学科有较完整的理解,并掌握学科的知识结构,才能有效地学习该学科,进行知识间相关的"转换"。这种模式的特征是:重视学科知识结构,在转换中学习。

3.综合模式

综合模式,应理解为综合运演水平的教学教育模式。大学研究生阶段,要发展智力,就应关注多学科的综合,在系统基础上,采用综合分析的方法,在创意、创造中学习。

事实上,部分高水平的本科生也接近或达到了这种综合运演水平,也可以使用综合教学教育模式。

4.体系模式

体系模式,青年学者经历了大学教育就可能达到体系运演水平阶段,形成其创意、创造的理念和思想体系。在继承人类已有的成果的基础上,提出创见,建立新的思想体系。这个时期的育人模式,可称为体系模式。其特征是:广泛包容,发展创新。

上述 4 种创造教育模式,是查教授提出的高层次教学教育模式,前三种都适合高职教育。由于创造性思维因子极其多样,既有理性思维因素,又有非理性思维因素,并有情、意因素参与,故创造教学教育模式还有多种。表 2-3 列举了创造教育模式中各模式的模式特点、基本教育特点和适用范围。

表 2-3　创造教育模式

模式名称	模式特点	基本教育特点	适用范围
直觉模式 A5 型	重视猜测,顿悟中学	问题→假设(→推演)→验证→反馈	直觉运演阶段(如高中时期)
结构模式 A6 型	重视结构,转换中学	整体→分析→组合→结构→转换	结构运演阶段(如大学时期)
综合模式 A7 型	综合分析,创造中学	问题→发散→收敛→综合→创造	综合运演阶段(如研究生时期)
体系模式 A8 型	比较包容,发展中学	课题→理论→比较→包容→发展	体系运演阶段(如专家时期)

(三)成人教育模式

查有梁教授在一般认识论基础上,提出成人教育的 4 种模式:生产模式、经历模式、交往模式和自教模式。表 2-4 中列举了各模式特点和基本教育过程。

表 2-4　成人教育的 4 种模式

模式名称	模式特点	基本教育特点
生产模式 A9 型	参加生产,工作中学	生产→经验→比较→理论
经历模式 A10 型	参与活动,经历中学	活动→旅游→体验→总结
交往模式 A11 型	结识师友,交往中学	乐群→亲师→访友→交流
自教模式 A12 型	系统读书,自教自学	阅读→思索→笔记→创作

1. 生产模式

生产模式,一般认识论指出,人类的认识来源于实践。人类生产活动是最基本的实践活动。从实践中学习、提高,是一种极重要的教育模式。从生产实践中,可以获得许多直接经验和间接经验,再经过比较、思考,逐渐从感性认识上升到理性认识;同时,在生产中还可以发现新问题,从而进行创意、创造性的学习。

2. 经历模式

经历模式,游历名胜古迹,参观博物馆、动物园、植物园,参加文、体活动,"读万卷书,行万里路",可以见多识广,进行有效的学习。古今中外的许多人都采用过经历教育模式,如孔子、李时珍、徐霞客、笛卡尔、达尔文等,他们的非凡经历,为他们的学习积累了很多经验,帮助他们取得了丰硕的成果。在现代,学历固然不可少,但经历更重要。儿童认识的发生源于活动,成人认识的深化也依赖于活动(社会活动、实地考察、调查研究等)。

3. 交往模式

交往模式,就是通过人际交往进行。孔子说:"三人行,必有我师焉。择其善者而从之,其不善者而改之。"通过这种模式,不但可以"学会认知""学会做事""学会做人""学会生存",而且可以"学会共同生活"。乐群、结交师友、互相交流,实在是极佳的教育模式之一。

4. 自教模式

自教模式,即利用各种信息媒体(书刊、磁带、光盘、广播、影视、网络),独立阅读,广罗信息,独立思考、理解、领悟,自学自育,是成人自我教育的重要模式,可以使人终身受益。

上述四种模式不但适用于成人教育,对学生也很重要。学生应当学会利用这些模式,将来才能尽快融入社会,获得人生的成功。

(四)学科教育模式

根据学科的科学的分类,可把课程分为五类,即思维科学、自然科学、人文科学、社会科学和综合科学。对应的教育模式为:认知模式、行为模式、个性模式、群体模式和交叉模式。

1. 认知模式

认知模式,适用于思维科学类的课程,如语文、数学和逻辑学等学科的课程,主要运用逻辑方法和分析方法进行学习。其教育模式为认知模式,其特点为接受信息、循环地学;以学术为核心,重视理论。该模式的基本教育过程见表 2-5,它与现代教学论中"着眼于信息处理的教学模式"是一致的。

2. 行为模式

行为模式,适用于自然科学类课程,如物理学、化学、天文学、地理学、生物学和体育等学科的课程,主要用观察、实验、经验和模拟等方法进行学习,也常采用逻辑方法。其教育模式为行为模式,其特点为刺激强化,反馈中学;重视应用,以技术为中心。基本教育过程见表 2-5。它与现代教学论中"着眼于行为控制的教学模式"是一致的。

3. 个性模式

个性模式,适用于人文科学课程,如文学、艺术、音乐、美术和美学等学科的课程,主要用审美方法和心理学方法学习。其教育模式为个性模式。其特点为审美立美,乐教乐学;重视个性、形象、体验、情感、陶冶,以艺术为中心。基本教育过程见表 2-5。它与现代教学论中的"着眼于人格发展的教学模式"是一致的。

4. 群体模式

群体模式,适用于社会科学类课程,如经济学、政治学、社会学、法学和管理学等学科的课程,主要用调查、统计、伦理和管理等方法学习。教育模式为群体模式,特点为调查讨论,参与中学;重视社会,以群体活动为中心。基本教育过程见表 2-5。

5. 交叉模式

交叉模式,适用于综合学科类课程,如哲学、教育学、史学、地理、系统科学等学科的课程,主要用系统方法、历史方法等进行学习。其教育模式为综合交叉模式,其特点为交叉渗透、发展中学;重视综合,以创新为中心,基本教育过程见表 2-5。

认知模式 B1、行为模式 B2、个性模式（或情感模式）B3 和群体模式
B4 两两组合起来，可形成新的组合模式，例如：

B2＋B1→行知模式

B3＋B1→情知模式

B4＋B1→群知模式

行知模式，是陶行知倡导的。其特点：行、知结合；教、学、做合一。

情知模式，是冷冉教授提倡的。其特点：情知结合，优化教学。

群知模式，是毛泽东的"群众路线"的体现。其特点：群知结合，人民
教育。

表 2-5　科学课程的教育模式

科学课程及方法	模式名称	模式特点	基本教育特点
思维科学逻辑、分析	认知模式 B1 型	接受信息，循环地学	接受→积累→练习→探究
自然科学经验、实验	行为模式 B2 型	刺激强化，反馈中学	刺激→强化→反馈→目的
人文科学审美、心理	个性模式（感情模式）B3 型	审美立美，乐教乐学	模仿→审美→立美→创新
社会科学伦理、管理	群体模式 B4 型	调查讨论，参与中学	问题→调查→讨论→参与
综合科学系统、历史	交叉模式 B5 型	交叉渗透，发展中学	历史→综合→分析→系统

（五）活动课程教育模式

活动课程指的是"为指导学生主要获得直接经验和即时信息而设计
的一系列以教育性交往中的学生主体性活动项目及方式"（李臣《活动课
程研究》）。由于活动课程和学科课程具有同构性，它们的教育模式也具
有相通的结构，可以进行移植。因此，可以从学科课程的五种教育模式，
对应地构建活动课程的五种教育模式，如表 2-6 所示。

表 2-6 活动课程教育模式

科学课程及方法	模式名称	模式特点	基本教育特点
认知活动类型	探究模式 B6	接收信息，探究中学	参与→接受→积累→练习→探究
行为活动类型	变革模式 B7	刺激强化，变革中学	参与→刺激→强化→反馈→变革
情感活动类型	审美模式 B8	审美立美，鉴赏中学	参与→审美→立美→创新→鉴赏
群体活动类型	交往模式 B9	调查讨论，交往中学	参与→问题→调查→讨论→交往
交叉活动类型	评价模式 B10	交叉渗透，评价中学	参与→历史→综合→分析→评价

活动课程教育模式的主要特征：设计活动，参与中学。参与的方式有探究、变革、审美、交往、评价。五种模式在应用时应结合起来，形成整体效应，才能发挥其强大功能。

(六)潜在课程的教育模式

潜在课程指的是"通过教育环境(包括物质的、文化的和社会关系结构的)有意或无意地传递给学生的非公开性教育经验(包括学术的与非学术的)"(靳玉乐《现代课程论》)，其教育模式也可以采用"同构移植法"，对应于 B11～B15"同构"出来(见表 2-7)。

表 2-7　潜在课程的教育模式

科学课程及方法	模式名称	模式特点	基本教育特点
认知潜在类型	暗示模式 B11	接收信息，暗示中学	隐蔽→接受→积累→暗示
行为潜在类型	感召模式 B12	刺激强化，感召中学	隐蔽→刺激→强化→感召
情感潜在类型	移情模式 B13	审美立美，移情中学	隐蔽→审美→立美→移情
群体潜在类型	认同模式 B14	调查讨论，认同中学	隐蔽→环境→气氛→认同
交叉潜在类型	熏陶模式 B15	交叉渗透，熏陶中学	隐蔽→历史→现实→熏陶

潜在课程的教育模式和主要特征：创设环境，隐蔽(感染、熏陶)地学，其主要方式有暗示、感召、移情、认同、熏陶。五种模式也要结合起来，形成整体效应，才能发挥其强大功能。

（七）教学论教育模式

教学论是研究教学客观规律的一门科学。主要研究师、生和课程之间的相互作用。根据这种相互作用不同，可得出表 2-8 中所举 C1～C5 与教学论有关的教育模式，即问答模式、授课模式、自学模式、合作模式和研究模式。

教学论教育模式是一个发展系统，从 C1～C5 型，学生的主体性、主动性逐级增强；教师的主导作用越来越复杂、深化，对教师的素质要求也越来越高。每一种模式都有其特点和应用范围，将不同的模式适当地组合起来，可发挥更大、更优的功能。例如，C3＋C4 型模式更适用于大学本科阶段教学，而 C4＋C5 型模式则适合研究生阶段教学。

表 2-8　教学论教育模式

模式名称	模式特点	基本教育过程
问答模式 C1	师生问答，启发教学	提问→思考→答疑→练习→评价
授课模式 C2	教师中心，系统授课	传授→理解→巩固→运用→检查
自学模式 C3	学生中心，自学辅导	自学→解疑→练习→自评→反馈
合作模式 C4	互敬互学，合作教育	诱导→学习→讨论→练习→评价
研究模式 C5	问题中心，论文答辩	问题→探索→报告→答辩→评价

综合就是创造，组合为综合提供了一种途径。掌握教育模式组合的规律，就可以创造新的教育模式。例如（C3＋C4）型的组合，可称为自合模式；（C3＋C4）型的组合，可称为合研模式等。

（八）学习论教育模式

学生是学习的主体，学生的学习主体性也有了明显提高。根据学习论，由浅入深地概括，可以得出表 2-9 所示 5 种教育模式，表中列举了这些模式的特点和基本教育过程。

表 2-9　学习论教育模式

模式名称	模式特点	基本教育过程
兴趣模式 C6	情感投入，从玩中学	意义→兴趣→尝试→信心→成功
背诵模式 C7	主客交融，从记中学	接受→欣赏→背诵→应用→
跃迁模式 C8	渗透跃迁，从创中学	渗透→模仿→内化→创新→审美
探索模式 C9	问题探索，从研中学	问题→概念→结构→交换→整体
传授模式 C10	系统讲授，从教中学	背景→继承→包容→发展→体系

学习论中有一条重要原则:只有学习最感兴趣的东西时,学习效率才最高。而要有兴趣,就得明确意义。要想获得学习的成功,就应当明确该课程或学科的价值、意义,这只有通过师生间的信息交流、情感转移才能实现。兴趣模式就在于"明确意义,增强兴趣",允许试错、尝试。一旦尝试成功,便会兴趣倍增。表中的"玩"可以广义地理解为"趣"。兴趣是最好的导师,从趣中学,对大学学习也是极其重要的。

记忆是发展认知的基础。背诵模式是很重要的学习模式。从信息论观点来看,只有新旧信息互相碰撞,才能产生信息的增值和创新。因此,科学的、高效的"背诵"非常重要。背诵模式的特点是主客交融,从记中学。只要创设一定的环境和氛围,让学习的主客体交融,就会对学习产生兴趣,乃至志趣、乐趣,这样,记忆就变得不困难了。

学习要想获得成功,既要循序渐进,又要适时地跃迁创新。跃迁模式是很重要的教学模式。只有跃迁,才能突破简单重复,登上学习的新台阶。

唯有探索,才能发现问题、解决问题,实现创新。探索模式的特点就是问题探索,从研中学习。我国古代教学著作《九章算术》提出 246 个问题,《数书九章》提出 81 个问题;近代牛顿所著的《光学》提出和探索 31 个问题等,都是探索模式的典范。

系统讲授,从教中学是传授模式的特点。"教"是最好的"学"。古人云:"教然后知困""知困,然后能自强也"。近代陶行知主张"小先生制""即知即传",也是提倡经"传授"深化学习。传授不仅是继承,还要有发展。大学教学,不仅只由教师讲,而且还要有学生讲。

学习论的教育模式 C6、C7⋯⋯C10 也是一个发展序列,也可以进行模式组合。大学阶段多选择用(C8＋C9)型,研究生阶段则多选用(C9＋C10)型。

成功的学习应遵循三个规律:

乐学律:热爱是最好的教师,乐学方能提高效率。乐学律可表述为:乐趣→刻苦→志趣。

发展律:成才需要一个发展过程,既有循序渐进,又有超越跃迁,不断发展。发展律可表述为:继承→包容→创新。

整合律:要想学习成功,就要把打好基础、发展特长、促进创造三者整合起来。整合律可表述为:博学→深专→真精。"博学"是通才的博学;"深专"是专才的深专;"真精"是英才的博精。

(九)艺术论的教育模式

教学也是一门艺术,一门特殊的艺术。从教学艺术论研究教育模式,可以分为五种模式。表 2-10 列举了这些模式名称特点和基本教育过程。

表 2-10　艺术论的教育模式

模式名称	模式特点	基本教育过程
趣味模式 C11	激发热情,愉快地学	引趣→激情→愉悦→如沐春风
形象模式 C12	情境生动,形象地学	直观→配乐→诗歌→创设情境
和谐模式 C13	诱导协作,和谐地学	诱导→共鸣→圆融→指点迷津
奇异模式 C14	富于魅力,奇异地学	悬念→惊叹→变换→独辟蹊径
幽默模式 C15	机智风趣,幽默地学	诙谐→机敏→笑声→融洽气氛

趣味模式源于情感转移原理。人与自然、社会、他人之间可发生情感转移。教师利用该原理于教学,就是把自己对学科或课程的热爱转移到学生身上,通过多种渠道和多种方法,引起学生学习兴趣,激发学习热情,让学生产生学习的愉悦,达到"如沐春风"之境,从而主动地学。

形象模式源于"情景说",景生情、情生景,二者相辅相成。含情而能达,会景而生心,体物而得神,情、景之间信息不断反馈,从而实现两者相互转移。设置生动形象的"情境",可增强教学效果。形象模式的特点:情境生动,形象地学。以形象为起点,才能形成形象思维的抽象思维。因此,不论学习哪一类科学,形象模式都是很重要的。

和谐模式源于"和谐原理"。在教学中充分考虑学生知识水平、能力、情感,诱导学生产生强烈的共鸣,即可达到和谐之境。因此,该模式的特点:诱导协作,和谐地学。

奇异模式源于"奇美原理"。奇异与和谐相配,方能圆满。高超的教育,必须是既和谐又奇异的。奇异模式的特点:富于魅力,奇异地学。教学要想有发展、有创新,就得借助悬念变幻,独辟蹊径。

幽默模式源于"多样统一"原理。幽默是一种机智的艺术,其形式多种多样。幽默出智慧、生风趣,可以在师生之间形成融洽的气氛,带来学习的乐趣。因此,幽默,尤其是高超的幽默正是高水平的教学艺术。幽默模式的特点:机智风趣,智慧地学。

三、教育教学模式的创造学结构

高职教育正是进行系统性创造教育的黄金时期。根据对创造性思维和创造技法的研究和归纳,得出 9 种创造力培养教育教学模式,各模式的特点和基本教育过程见表 2-11。

表 2-11　教育教学的创造学结构

模式名称		模式特点	基本教育过程
联想模式		广泛联想,创意中学	对象→联想→创意→创新
组合模式		巧用组合,重构中学	对象→分析→组合→重构
类比模式		对比同异,类比中学	对象→类比→求同(异)→创新
变异模式		变异求新,转换中学	原型→变异→新型→创新
直觉模式		经验判断,洞察中学	对象→观察→洞察→发展
仿创模式		模仿超越,仿创中学	模仿→形似→神似→独创
灵感模式		显潜互促,顿悟中学	对象→构思→孕育→顿悟→创造
假想模式		大胆假设,求证中学	问题→假想→推论→求证
臻美模式	补美型	审美求美,臻美中学	原型→缺点→补美→升华
	创美型		对象→希望点→求美→创美
	情感型	审美立美,乐趣中学	模仿→审美→立美→创新

第三章　职业教育教学过程管理

教育被认为是一场能够提升人类全面素质的实践活动,它能够将更为客观的知识和见解传递给他人。教学不仅仅是一个老师的传授,更是一个由学生的学识所共同构成的独特的人才培育过程。这个活动帮助教师有目标、有组织、有策略地指导学生掌握科学的基本知识,进而助力学生全面发展,并使他们变成社会所需的人才。教学不仅是教学的工具和模式,而且具有即时的有效性、内容上的有组织安排以及目标的明确导向等独特性。教育可以被定义为教学的终极追求,它带有效果展现的持续性、内容的阶段性特点以及目标的前瞻性等属性。

第一节　职业教育教学价值创造

教育的真正意义在于全面地塑造人们,助力他们从自然人逐渐转变为社会化的存在。这个过程将输入转化为输出,并基于活动量的复杂性将其细分为数个子过程。而这个过程的内容质量在各连续的子过程中进行了传播和转换。

一、教育教学过程识别

教育教学的质量是通过教育教学的运行过程来传递的。按照质量形成的根本原则,从人类诞生至成长为个体,再到逐渐融入社会的过程中,不同的教育教学质量在教育课程流程中得以不断体现和传播。鉴别教育与教学的流程,构成了科学并合理地筹划和设计各种教育教学环节品质的根基。

（一）教育过程的识别

1. 从终身教育的视角

基于我国教育体制，从终身教育的视角看，人的一生所经历的教育总过程分为学前教育、义务教育、初等教育、高等教育、继续教育等若干个子过程。

职业教育被视为一种独特的教学形式。它可能在初级和高级教育中与常规教育发生交融或结合。学生们在完成义务教育的阶段之后，中职和普通高中的教学模式开始出现了分离现象；当基础教育被引入高等教育时，我们可以看到普通的高等教育和高等职业教育这两者之间的再一次选择。

2. 从社会人的视角

马克思主义的观点认为，社会是人们通过交往形成的社会关系的总和，是人类生活的共同体。各个社会机构在相互的对抗、相互的制衡与竞争之间，以及在相互的连接和融合中都展现出了其独特性。家庭是社群的基础单元，而个人则是构建家庭的基本单元和核心。人从一个自然人转变为社会成员的过程经历了家庭教育、学校教育和社会教育。值得注意的是，家庭教育、学校教育和社会教育三者之间是相互交织、相互作用并互相影响的，这种转变不能仅基于流程和子流程的形式来定义。

3. 从人才培养的视角

人才指的是那些已经具备专业知识和技术，能够进行具有创造力的工作并为社会作出积极贡献的个体，他们都是人力资源中技能和素质较为出色的劳动力。人才构成了我国社会经济生长中最宝贵的资本来源。因此，我们可以明显看到，人才是社会人群中的一种特殊类型。与其他类型的社会人群相比，他们的根本差异在于是否能对社会做出实质性贡献。而这种贡献可以建立在专业知识和专门技能之上。这个基础的获得和认知过程也可以被视为识别教育系统的重要方式和路径。

无疑，学习是获得知识和技能的独一无二的路径，不过，可以根据学习活动的目的、时刻、地点和内容、实施方式、场所和渠道等多个因素来进行更为精细的划分和分析。不同的组合和要素使人才有着各自独特的发展趋势。人才的学习模式会随着他们所处的不同时期而产生差异。大部分的毕业生在其职业生涯中,会在学校阶段进行知识和技能的初级积聚,毕业后融入社区和职场,在实际工作中不断适应、提高和完善其知识和技能。从人才培养的角度来看,教育的实施过程是一个在各种环境下为了达成阶段性目标进行对个人已有的知识和技能结构的调整、优化和提高的活动。而在这些子过程中获得的知识和技能都有可能对后续的学习进程产生深远的影响。

(二)教学过程的识别

与教育过程相比,教学过程呈现出明确的阶段性特点,每个阶段都有明确的目标和内容载体,只有通过教师和学生的共同努力才能实现这些目标和载体。在不同的教学阶段,教学目标的关系可以是递进关系,也可以是平行关系,抑或分离的关系。

课程是基于预先设定的目标,并以特定的教学内容为基础来构建的达标途径或路径。按照这个定义来看,教学过程在本质上是教师和学生共同努力以实现预定目标的活动。在一个教学过程中,可以根据预定目标的复杂性以及运行和发展的周期和时长,选择一个专业课程、一门课程、一个单元或一次(节)课程,甚至可能是一个任务的执行过程。

(三)教育过程与教学过程的相互关系

教育是一个长期的过程,关系到把受教育者培养成为什么样的社会角色和使受教育者具有什么样的素质的根本性质问题。教育活动的核心目标作为教育实践的起点,是根据特定社会的生产能力、生产关系需求以及人们的个人发展需求来设定的。在历史进程中,由于社会制度、民族文化传统和教育观念的差异,这一目标也会有所不同。在不同文化下的教育体系中,存在明显的差异。例如,古希腊的雅典教育强调培养身心都能和谐成长的人;斯巴达的教育则注重培养勇敢且善于战斗的人;而在中国的封建社会中,教育的目标是培育有道德观念的士大夫。

如果按时间划分,教育是无数个教学过程的累积。教学可以被视为教育过程中最基础的一环,它通过多个子流程的执行,最终实现教学质量的有效传递,从而实现教育的终极目标。每个教学子过程的输出目标是否实现,都将对接下来的教学流程的执行方式产生影响。如果某一教学流程的输出未能满足预定的目标,那么从质量控制的角度来看,教学活动应当被暂停,以避免进入下一个教学阶段。然而,由于教育和人才培养过程的高度复杂性,有些教学目标可能并未完全实现,但在后续阶段的教学中可能会得到修正,或者某个阶段所获得的知识和技能可能存在不足,但这并不会对其后续的成长产生明显的障碍。这为我们提供了一个明确的提示:在教学过程中,每个环节都应致力于实现教育目标。然而,教育目标的确立是分步骤和多角度的,某个阶段的教学目标虽然是教学实施的核心,但它并不代表教育的最终目标;从另一个角度看,鉴于教学过程对教育的终极目标有着明确的导向,当发现某一教学过程未能满足预设的目标时,我们应该对其进行适当的调整,以促进教学质量的持续改进和提高,进而更好地进行教育教学。

二、教育教学过程设计

　　教育教学过程设计是围绕人才培养目标,对特定对象所开展的一系列活动。所谓的培养目标,是基于国家教育的目标以及不同级别和类型学校的特性所制定的明确的培训标准。不同的教育层次和种类,对于培养人才的标准各不相同。职业教育(Vocational Education)的核心目标是为学生提供必要的职业知识、技能和职业道德,以满足他们在特定职业或生产劳动中的需求。这种教育旨在培养具有实际应用能力和一定的文化及专业技能的劳动者。与传统的教育和成人教育相比,职业教育更注重培养学生的实际操作技能和工作能力。

　　教育教学过程的设计由上到下分为专业设计、课程设计、教学设计三个基本过程,其中教学设计则通常以一次课为单位,分为教学目标的选择与定位、学情分析、教学策略选择确定、评价方法建立四个阶段。

(一)专业设计

鉴于不同的职业在知识、技能和职业道德上存在明显的区别,职业教育所教授的知识、技能和职业道德都是根据特定的职业岗位分布来设定的。因此,一个或多个与之紧密相关的职业岗位所需的素质,成为职业教育专业设置的核心参考。

1.专业宽度

一个专业的教学内容能够覆盖的职业岗位数量,称为专业宽度。基于各种职业职位的任务复杂性和职位间的互动关联,建议一个专业宽度在1~4之间,而且这些职位之间应该存在明显的联系。这种关联性或许体现在不同工作流程的优先级上,也可能反映了共享工作环境的概念,或者是基于员工在执行工作职责时所需遵循的共同素质标准等各种因素。譬如,物流服务与管理学科的主要任务是培育仓储管理人员、物流配送代表、运输助手、信息技术人员和叉车操作员。这些岗位常常是一个企业内部的不同职位划分,并且每个岗位所需的工作经验和能力都有所不同。根据这种职务定位的人才培养目标,将协助毕业生在相似工作岗位上进行更多的岗位轮换。举例来说,城市轨道交通车辆运用与检修专业主要培养的是机修钳工和电工人才。但根据学员所处的就业环境,他们在技能和知识的学习上可能存在差异。因此,根据专业的岗位,这一学科可以进一步划分为城轨车辆检修维护和城轨车辆装配两大专业方向。其中,城轨车辆检修维护专业主要专注于机械检修和电子检修,而城轨车辆装配专业则是专门培养车辆装配工作人员。

2.专业深度

专业的深度特指该专业对某个职业岗位层级的覆盖程度。我国职业教育标准通常划分为初、中、高、师及高师五个层次。在大多数情况下,中等职业教育的专业深度是中级水平,且覆盖范围为初级;而在高职教育中,专业深度是高级层次的,覆盖范围为初级和中级。我们设立专业人才的培训目标,是以满足特定级别职业岗位人员的品质标准为准则的。举个例子,学前教育这一专业主要针对那些适合幼儿园、托幼机构以及其他学前教育相关岗位的专业人士。他们期望毕业时能够持有普通话合格证书和保育员资格证书。值得注意的是,只有那些达到二级乙等标准的学生才有资格获得普通话合格证,而保育员证书应进一步满足四级(中级)的标准要求。

(二)课程设计

专业的宽度与深度是设置课程门类及课程内容的基本依据。每个专业都配备了相应的教学内容,这些建议和内容的整合和合并,会产生各具特色且功能不同的课程,从而在人才培育上起到各种教育效果。各个分类的课程,按照特定的构造方式结合,共同构建了这个专业的课程架构。当课程组合采纳的观念和手段有所差异时,可能导致课程的结构也相应地有所不同。

1.课程体系结构

课程最常见的课程体系结构为三段式,即文化基础课程、专业基础课程、技术核心课程。其三类课程构成了层次递进的关系,并在职业教育中承担不同的育人功能。

这种课程功能定位结构模式用于职业教育专业课程体系构建实践中难免广受诟病。这种教育结构的特点,既是由于它基于学科知识内容的教育模式,也在于这一结构在实际教学中的渐进性难以展现。有些专业基础课程的内容是否需要在完成了文化基础课程之后才能实施,是一个广泛争论的议题。然而,这一递进的质量传递方式受到多个外部因素的干扰,导致下层的教育质量未能达到输出标准,由于系统运作的惯性效应而直接上升到上层,给上层教学品质带来消极的反馈,可能导致互相指责和抱怨的情况出现。当前最具代表性的事例是,那些在义务教育中未能达标的学生进入中等职业学校,导致这些学校的学生在学习能力上与公立高中学生存在显著不平衡。这种情况下,中职学校文化基础课程的设计显然是为了弥补义务教育而在教育方面的额外补习。

解决这个问题的方法有三个方面,一是理念上的认知到位,二是心理上对现状的平和认识,三是技术上的结构调整。从学生个人成长的角度来考虑,教育目标应当致力于促进学生全面发展,其中因材施教是教育活动中的一项基本理念。对于中职学生,提供与其学术水平相匹配的课程设置,将是确保专业设计质量的一个核心要求。因此,我们应从心理角度去理解和接纳中职学生学术水平相对较低的这一现实状况,并以乐观主动的心态探寻学生的生长潜力点。这样做,不仅是实现教育目标的基础,也是在教育和教学过程中起到积极影响的关键因素。此外,这也从三段递进式的课程体系结构转向了渗入式的课程体系结构。在这个新体系里,课程与课程间的关系不再那么紧密,教学质量的传达大多在同一课程里完成,这模糊了文化基础、专业知识与实际技术课程的层次联系,进而影响了课程对于实际工作职位的明确导向。此外,这个课程设计有助于解决中等职业学校学生在初级基础教育阶段所受教育程度相对较低的问题,从而降低了他们对文化基础课程的学习难度。

实际上,在职业教育的专业课程结构里,尽管不同的科目都是面向职业人员的能力的培养,然而不同的课程内容之间并不一定都能完全匹配这种逐渐发展的关联。例如对于中等职业教育中的学前教育专业来说,公共基础课或许能够帮助学生提高其文化修养,并增强其艺术呈现和审美能力,但这些课程与专业技巧训练之间的关系似乎并未形成一个固定的深化关系。是否只有完成普适的基础课程,学生才有资格进行专门的技能学习,这是一个值得深入探讨的议题。

对课程的结构进行深入的考量和理解有助于教师更好地理解课程在培育人才过程中所占据的角色和功能。从课程的功能定义考虑,应对课程内容进行恰当的筛选和设计,并根据学生不同的学习时期,科学、合理地规划内容,进一步规范整体教学流程。

2.课程目标

课程目标即课程要达到的预期结果,是课程设计的出发点与归宿。

所有不同的课程都应该专注于实现培育人才的目的。所以,从人才培训的角度出发,不同课程可以被看作是为达成专业人才培养终极目的所设定的各种方法。而这些不同的课程目标本质上是人才培养目的的细分。

对人才培养有明确的职业指向性,是职业教育的基本特性。由于这种独特性,我们在专业人才的培训策划中所选取的课程必须有一个统一的方向和目标。

3.标准明确的要求

课程目标是教学设计的起点与归宿,其设计的关键点在于可识读性。教师的指导来自课程目标,它强调了需要教授的内容及要达到的教学水平;给学生的建议涉及完成课程后所能收获的知识。假如采用不明显的描述方法来阐述课程的目的,这种方式由于课程目标本身的定义可能会导致理解上的偏差,进而可能会影响接下来的一系列教学步骤的成功与否。因此,我们提倡使用容易理解的词汇来描绘课程的目的或目标,比如"能够表达……""了解……""懂得……"以及"能够执行……"等表达方式。如果我们想要进一步明确动词"进行"的程度,我们可以插入一些形容词,比如"熟练地完成……""能自主地完成……"等。例如,在药物医学专业中,"药物制剂技术"中的"片剂"教学模块的目标是"确保学生对片剂中常用的赋形剂种类有深入的了解,熟练掌握湿颗粒制备片剂的工艺流程,掌握片剂的各项质量测试要求,熟悉片剂包衣的目的、种类及其方法,熟悉制备过程中所需的常规设备操作,并对片剂的特性和类型有清晰的认识",这样的表达方法在实际教学过程中很难让学生准确地理解和掌握,这在教育的尺度上造成了读写的困难,使得这种方式在引导学生的教育过程中显得不足。如果按照以下方式来描述,那么无论是教师还是学生都可以较为轻松地识别出达标要求:"能够清晰地指出片剂的5种赋形剂、3种包衣类型,并能够清晰地描述出片剂的5个主要质量检测项目;同时也能用已给出的处方和设备来制作片剂,并能够自主地核查和判断该片剂是否合格"。

4.课程类型与内容

课程内容的选择是教学设计的关键,在一定程度上影响着学生的学习方式和预期的学习成果。在进行课程内容选择时,有两个主要因素,分别是教育目的和目标受众。职业教育所具有的独特性导致其课程内容更多地聚焦于职业流程的理论知识和基础实际操作经验。然而,这样的工作经验和过程的知识学习应与职业人才培训的主要职位以及学习者的学术和思维能力保持一致。因此,在确定课程内容时,职业生涯的目标性与学生的学习能力的匹配度被认为是核心参考。

课程内容的选择与课程的类型密切相关,一般情况下,课程类型常分为理论课与实践课。教材是课程内容的载体,其编排形式会形成一门课程的基本的内容结构。理论课的教材内容常常呈现为"绪论、第一章、第一节、一、(一)、1 等";实践课的教材内容则常呈现为"实验一、实验目标、实验材料、实验方法、注意事项等"。这种课程内容的载体形式目前正逐渐被理论与实践为一体的项目模块化活页式教材所取代。

在教学中,项目的模块化活页教材能否展现出"活页"的独特性,很大程度上是基于设计中的项目与模块是否存在持续的递进关系,保持在相对的平行关系上。也就是说,在教学过程中,不必明确项目一与项目二应按何种顺序出现。尽管在同一项目的各个模块间应当维持平行的关系,但当它们存在递进的关系时,应统一放在同一单元之中。在同一个教学项目里,通过制定不同模块,构建可供自由选择的课程内容,以适应不同类型的教育资源。同时,学生也通过学习这类模块来实现复习和巩固知识。

(三)教学设计

从过程模式模型的角度出发,教学设计可以视为一种活动。这种活动要求输入明确的信息,即教学目标和教学对象的特性,然后通过教师的思考、分析和决策,最终形成教学方案。狭义上讲,教学设计是基于单一的教学活动来进行的,通常的时长为2~3个课时;广义上讲,教学课程是根据单一课程的教学计划来设计的,而通过活动输出的则是具体的课程教学方案。如果教学设计是基于某一专业,那么所输出的将是该专业的人才培养计划。因此,在教学设计活动中,按照从低到高、从简单到复杂的层次,输出的成果包括教案、课程教学方案以及人才培养方案。

不同级别的教学设计所需的信息输入和设计活动的复杂性各不相同。在教学设计中,涉及的核心元素有:课程类型、内容的布局、操作流程、教学所需资源、如何分配时间以及如何进行检测等。由于这些元素的各种组合策略,形成了各自独特的教学方法。

1. 理论课常规教学模式

传统的理论课教学模式是讲授模式,其形态特征以教师的讲和学生的听为主要行为特征。它的显著特性是需要传输大量的知识信息。在教学模式中,对学生的学术能力有较高的要求,并且主要侧重于理论知识的传授。为了增强教学效果,经常会融合提问、讨论、角色模拟和案例分析等多种教学手段,从而将传统的讲授方式转变为问题导向、情境化和案例分析的教学策略。通过在课堂中引入和利用信息化的教学资源,我们可以将其转变为结合线上和线下的综合教学策略。

2. 实践课常规教学模式

实践课程是与学生肢体行为密切相关的课程。基于实践的目标和场所等因素,课程可以划分为实验课、实训课和实习课这三大类别。实验课和实训课的主要差异在于,实验的核心目标是对知识和原理进行验证,其最终目的是实现预定的实验结果;实训的主要目的是培养完成特定工作任务所需的行为技能,其核心目标是提高行为的熟练度和确保工作流程的标准化。实训课程和实习课程之间的主要差异在于它们所处的教学环境和对实践成果的期望不同。实际训练可以在学校内部完成,但每次的训练成果并不都必须满足既定的标准;然而,实习活动通常是在实际环境中进行的,因此工作成果必须满足实际设定的准则。考虑到职业教育的独特性质,实训不仅是实习的前期准备,同时它还代表了学生从学校步入社会的过程。通常,当学生完成实习后,他们会毕业并步入社会,此时学生学习者的身份会转变为社会或职业的角色。

当实践课程根据特定的工作任务(项目)指令进行,并明确了具体的工作流程和要求,以完成工作流程并最终形成可视化的实体和文本成果作为结束标志时,这种教学模式被称为任务(项目)导向教学模式,它是职业教育领域推崇并广泛应用的实践教学方式。若实践不遵循固定的工作流程,而是以最终的实体或文本成果作为结束标准,则这种方式也可以被视为成果导向的教学模式。任务导向教学模式和成果导向教学模式的主要差异在于它们对工作流程的要求不同。任务导向教学模式更加注重工作流程的规范性,同时也考虑到成果标准的需求;然而,以成果为导向的教学模式则更多地侧重于工作成果的标准化,而相对忽视了实现最终教学成果的具体方法和途径。

3.理实一体的教学模式

这种教学模式是在同一次课中,理论知识的讲解和工作技能的训练交替进行的一种教学模式。这种教学模式可能是任务导向教学模式的一种演变。在理论性较强的课程中,案例教学也可以归类为这种模式。

"理实一体"的教学模式改变了传统的理论与实践分离的教学模式,更加强调了教学内容与应用、综合和实践的结合。其核心操作方法是将理论知识融入实际训练任务中,通过实时的讲解、操作示范和实践练习,加强教与学、做之间的紧密结合,促进教师与学生之间的互动交流,从而提高学生的学习兴趣,加深他们对理论知识的理解,并提高教学效果。得益于信息技术和信息化教学资源的强大支持,学生可以多次进行操作示范和反复展示,这不仅方便了学生的实时查询,也解决了他们在现场即时提出的问题,从而将实训课程转变为线上线下的混合教学模式。

四、教育教学过程实施

教育教学过程的实施实质上是教学活动的计划安排,在不同的时间范围内呈现为专业教育教学计划、课程的教学计划和课堂教学实施方案。

常规的专业教育教学计划安排通常分三个子过程，即入学教育、专业课程学习、专业实习。将每一门课设置具体的授课学时和授课时间，则形成了专业授课计划。

从理论角度看，专业课程的学习和专业实践是可以交替进行的，德国职业教育的双元制特点之一就是工学交替的教学模式。然而，在中国目前的教育体制下，工学交替的教学方式在实际操作中可能会导致管理成本上升和风险增加，因此在近几年很少被提及。然而，为了使某些课程内容更好地与实际工作相结合，会在教学过程中为学生安排特定的时间去社会机构进行学习和实践，这种方式通常被称作见习。见习和实习之间的主要差异是：见习的持续时间通常较短，内容也相对单调，并且依赖某一课程的实施计划；实习的时间跨度相对较长，涵盖了多个不同的职位，并以专业课程的实施计划作为支撑。

第二节　职业教育教学支持

现代教育教学活动是一项群体的协作劳动。支持系统是为业务系统的运行服务的。就职业学校而言，教育的产品是专业、课程与服务，教育教学过程是实现教育产品的过程。因此教育教学业务应包含教学服务、生活与安全保障服务两大业务系统，支持系统则是围绕这两大业务系统正常运行的要求提供人力、财务、信息、技术、设施与设备等的支持。

一、人力资源支持

教育教学过程所涉及的人力资源不仅仅是教师，还包括为教学和学生服务的所有人员。从体系运行的流程来看，人力资源支持包括岗位设置、人员配置、培养培训、考核评价和激励五个子过程。

（一）岗位设置

为保障学校日常业务的正常运行，职业院校的岗位主要包括教学人员岗位、行政管理岗位和工勤人员岗位三大类。

在传统的组织管理观念中,教学岗位常被视为学校的前线工作岗位,这强调了教学部门和教学管理部门的核心地位;同时也突出了行政管理部门在管理层面的高级地位,而服务岗位则被放置在教学岗位之后,被分类为后勤服务岗位。这一行政化的职位配置方式潜藏着诸多潜在问题。将同类型的工作人员分为不同的管理层次,这限制了组织团队合作能力的形成和提高。例如,在教育和教学过程中所展现出的效果和质量,常常是由服务于同一目标的多个不同群体的综合和合作所产生的,很难与全职教师、教学辅助人员、全职辅导员等角色的表现形成直接的对应关系。在同一部门内,如果按照行政级别设置多个层级并实行上下级的管理方式,只会导致工作流程的延长,降低管理效率,并增加信息传递偏差的风险。

从服务的角度出发,无论是教学岗位还是服务岗位,它们都是以第一客体为中心的职位。这主要是因为服务内容、学生群体和服务人员的素质需求各不相同。然而,管理岗位则被转移到了支持系统上,导致学校组织结构呈现出扁平化的特点。这也为学校实施以团队绩效为核心的扁平化组织结构和绩效管理模式提供了基础的思考框架。

那些管理经验丰富的职业院校可能会参考企业管理中的岗位配置模式,减少部门内的职位层级,仅设置负责人和干事两个级别,这样可以更好地区分和强调部门管理者的角色,并推动岗位结构的扁平化。这一岗位配置模式旨在对所有部门进行并行管理,而不是过分关注哪一个部门的业务更为关键。相反,这种方式促使所有部门都将注意力集中在满足服务对象的需求上,更多地关注部门的整体表现,而非个体的得与失,从而促进各个岗位之间的有效分工和协作。

(二)人员配置

职业院校的人员配置需要关注两点:一是从业资格,二是规模结构。

1. 从业资格

教师资格是国家对专门从事教育教学工作人员的基本要求,是公民获得教师职位、从事教师工作的前提条件。教师资格制度代表了国家对教师职业的正式许可机制。根据《中华人民共和国教育法》和《中华人民共和国教师法》的明确规定,所有在不同级别和不同类型的学校以及其他教育机构中从事教育和教学活动的教师,都必须持有相应的教师资格证书,没有这一资格的人是不能被聘用为教师的。教师资格的法定证明包括《教师资格认定申请表》和教师资格证书,这两者在全国范围内都是适用的。

在负责生活和安全服务的职位中,一些岗位需要满足特定的从业资格要求。例如,从事电路和电器维修的工作人员必须持有电工证,而提供餐饮服务的工作人员则需要持有健康证等相关证明。

2.规模结构

根据教育部对职业学校办学标准的要求,教师队伍的数量应与在校生规模相适应,通常要求师生比为 1:16。2019 年,教育部、国家发展改革委、财政部、人力资源和社会保障部四部委印发《深化新时代职业教育"双师型"教师队伍建设改革实施方案》,提出"到 2022 年,职业院校'双师型'教师占专业课教师的比例超过一半"。2020 年 1 月,教育部公布实施《新时代高等学校思想政治理论课教师队伍建设规定》,要求思想政治理论课教师队伍规模按师生比不低于 1:350 的比例。这些文件对职业学校教师队伍的规模及结构提出了明确的标准要求。

(三)培养培训

从过程管理的角度出发,对于人员的培训和培养,可以采取两种不同的策略:首先是以个体为核心的培训和培养,其次是以团队合作为核心的培训和培养。在培养和培训过程中,以个体为核心的方法主要分为两大类:首先是以职业生涯的成长为方向,其次是以提高岗位技能为核心目标。以下是详细的内容描述。

1.以个体为核心的培养和培训

(1)以职业生涯发展为基本线路。教师的职业生涯发展主要分为入职、在职、轮(转)岗、离职四个不同的阶段。新员工入职培训的核心目标是帮助他们深入了解自己的岗位职责和工作任务,并在尽可能短的时间内掌握完成本职工作所需的各项能力。在职培训是基于员工已经完成了他们的工作职责,通过持续的学习来培养完成更为复杂和具有挑战性的任务的技能。轮(转)岗培训的目的是确保员工能够在不同的岗位之间轮换,从而获得更广泛和更丰富的岗位业务适应能力。离职培训与轮(转)岗培训之间的主要差异在于,培训的核心目标是帮助即将离职的员工,针对他们离职后可能产生的心理问题进行有效的疏导。

职业教育中的人员结构,其独特之处在于专业的变化如何影响教师的职业发展,尤其是在教学和服务岗位上的人员配置上。由于学校外部环境的不断变化,专业的设置、转换和合并可能会彻底打破教师原有的"舒适圈",迫使教师进入一个轮转的状态,从而引发职业心理的强烈反应。对于管理经验丰富的组织,在这一特定时间段内,应当全面而深入地考虑员工的需求,并采取恰当的方法进行指导和疏导。

(2)以能力提升为目标导向。以提高能力为核心目标的员工培训,主要是在员工的在职时期进行的。显而易见,不同职位的员工所需要的职业技能存在差异。通常,职业教育机构都高度重视提升教师的专业能力。然而,一个管理经验丰富的组织,会从提高服务人员整体能力的角度出发,将人员培训的焦点放在教师身上,向所有员工辐射,并关注不同员工能力提升的需求,对培训的频率、内容、形式等方面进行有效的策略规划和设计,从而提高全体员工的满意度和获得感。

2.团队建设

团队建设是指为了实现团队绩效及产出最大化而进行的一系列结构设计及人员激励等团队优化行为。影响团队建设有效性的因素主要是目标的同一性、成员的信任度和文化的凝聚力。

在多数职业院校中,比较成熟的管理理念将教学岗位定义为一线岗位,行政管理部门与教学岗位形成服务与被服务的关系。团队是根据岗位设置及"自然"形成的工作团队,如财务部、教务部或系(部)、教研室等。不同的团队之间根据行政管理的层级形成直线制。这种团队组织结构模式对教育教学常规业务的支持极其有效,特别是为维护日常的教学秩序、保证教育教学业务系统的规范运行提供了强大的支撑力。

但是这种直线制的团队关系因极其明确的职责边界和团队专业背景的相对一致,导致在重大的、非常规的、创新性强的任务上常常显现出沟通效率低、团队整体能力不足、执行力薄弱等问题,事业部制的"跨界团队"建设可能是解决这一问题的有效路径。

跨界团队组合实际上是以任务目标为导向、以能力互补为原则,汇集业务流、信息流、资源流于一体的项目团队构建模式。在工作实践中,这种模式有不同深度层次的体现。例如,为了提高学习的效果,期望通过讨论促进不同人的思想碰撞,从而产生创新性的理念和方法,把不同部门、不同岗位的人员编制在同一个学习小组,令其对指定的任务展开讨论,这是在课堂教学过程中常常采用的方法。再如,组建一个课题的研究团队时,应充分考虑研究目标与研究内容的需求,跨教研室、跨系(部)地吸纳不同岗位的人员,按研究计划与任务进行合理分工,从而有效发挥课题研究团队的工作实力,为课题的可行性提供能力保障。当某一重大项目下达时,或者组织在特殊的时间节点、面临重大组织变革时,跨界团队成员的构成不仅需要打破本组织内部的行政管理结构,甚至需要打破行业、专业的障碍,以寻求更多人力资源的有效支持,从而将岗位配置与人员培训两个环节的工作融为一体。

(四)考核评价

对人员的考核评价是对组织内部员工的工作绩效的测评。在实施考核评价过程中,应注意保障样本数据的有效性和评价结论的合理应用。

考核的目的是为激励提供有效的依据。样本数据的准确性与多个因素如数据的大小、采样的目标、采用的方法、采样的范围以及采样的频次等都有着紧密的联系,这些因素都会直接影响评估结果的准确性。通过制度化的方式来固定考核评价数据的收集计划,将有助于建立一个公正和谐的组织文化,并增强组织内部的凝聚力。相对而言,临时性和隐秘性的考核信息收集方法很容易引发员工的不满,甚至有可能使考核结果失去其应有的公众信任度。公开评价并构建一个申诉流程,是避免评估过程中出现质量风险的关键措施。

(五)激励

激励的过程就是激发人的动力,使人产生一种内在的力量,朝着所期望的目标努力的活动过程。评估和考核不是我们追求的终极目标,而是为了给出有力的激励措施而提供的坚实的支撑。

1.激励理论

按马斯洛的需求层次理论,需求有五类,由低层次到高层次依次为生理需求、安全需求、社交需求、尊重需求和自我实现需求。根据人的不同需求,有针对性地采取不同的激励措施,容易达到应有的效果。

在社会发展的当前阶段,当人员流动障碍已基本消除时,工作环境可能成为促使人员流动的关键因素。然而,在组织内部,如果工作环境因素相对稳定并保持在一个可接受的水平上,那么工作环境的优化将不会对员工的工作主动性和创造性产生激励效果。单调和简单的重复劳动可能会消耗员工的情感,从而引起员工的职业倦怠。适当增加目标任务的难度,或者提供多样化、丰富和具有挑战性的工作任务,可以有效地激发员工的斗志,从而提高员工的工作热情。

满意度的评估模型也对分析员工的行为起到了积极作用。当员工无法准确把握目标任务所带来的价值时,可能会降低他们对完成任务结果的满意度,进一步导致他们对组织的忠诚度下降或产生对组织的不满。相似地,在实际生活中,对于同一个目标,由于每个人的需求和所处环境的差异,他们对同一目标的价值和期望也会存在很大的不同,因此,在进行这个工作时,所付出的努力也是不同的。基于归因理论,那些需要成就的人倾向于将成就归因于个人的付出,而将失败归咎于他人的不足。相对地,那些不需要很高成就的人,他们的成就归因就是相反的。当员工将自己的行为成果与身边的人进行"横向"比较时,他们可能会对激励措施的公正性产生怀疑。

因此,新行为主义持有这样的观点:许多人类行为都是既具有实用性又具有工具性的。当人们出于特定的需求而进行探索或自发的行为时,如果某一种反应变成了实现目标的手段,那么人们就会学习如何利用这种反应来操控周围的环境,从而实现他们的目标并满足他们的需求。

2.激励模式与组织发展周期

组织的发展周期常分为上升期、平台期和衰退期三个阶段。根据激励原理,通过调节和作用于某些激励要素,以有效激励员工保持良好的工作业绩,促进组织持续发展,上升期提高成长速度、平台期延长平衡发展时间、衰退期延缓速度是激励理论应用于教育教学管理的基本动因。

常见的激励策略包括目标导向的激励、基于利益的激励、基于参与的激励、基于情感的激励以及基于文化的激励。这类激励策略在组织的各个发展阶段或对团队成员产生的影响各不相同,同时也在某种程度上展现了组织管理的成熟程度。

在组织发展的初始阶段,目标激励模式和利益激励模式可能发挥着至关重要的作用。通过对绩效分配制度进行改革,可以形成一个奖励优秀、惩罚劣质的激励机制。这将使组织管理逐步走向成熟,人际关系,如理解、尊重和信任,变得相对稳定,从而显著提高组织的凝聚力和员工满意度,使组织的发展轨迹持续快速上升。然而,随着管理能力逐渐成熟,这也可能导致组织管理变得僵化,产生新的组织团队障碍,以及由于组织创新能力不足而使组织在国际市场上的竞争力降低的风险。

需要强调的是,各种激励策略的效果都有其界限,一旦超出这些界限,就很难展现出激励策略预期的效果。此外,不同的激励方式并不是完全孤立或对立的,它们之间存在着相互影响和渗透的联系。决定何时、何地以及由谁决定使用哪种激励策略的核心,是管理者如何准确地识别的需求。

二、财务资源支持

作为社会中的一个独立法人实体,学校在其教育和教学活动中与其他社会组织建立了经济利益联系。在财务管理中,研究学校的资金流动和财务关系是职业学校财务管理和其他企业财务管理的共同之处。由于职业教育被视为一种公共服务,因此其财务管理哲学与企业存在根本的差异。企业在财务管理上更注重利润的最大化,而学校则更注重财务收支的平衡。

(一)学校资金结构

学校资金的主要来源可以分为三大类:非税收入、财政收入和其他收入。其中,非税收入主要包括从学生那里收取的学费、教材费、住宿费和水电费等。财政收入则是指政府根据学校的办学规模所投入的课题研究和专项建设的资金。其他的收入来源则因学校自身的办学资源而异,主要来源于学校利用一些资源向社会提供的租赁和培训服务,以及学校为了自身的发展而向银行申请的贷款等。资金的分配主要涵盖了教学运营资金、特定的建设资金以及人力资源经费,还包括了贷款和偿还贷款的费用等。

(二)资金的预算、决算

1.资金预算

学校的财务预算应依据上级财政管理部门发布的年度各项财政预算定额参数,以及政府批准的学校办学收费项目和标准,结合年度招生计划来进行精确地估算和编制。在规划学校的发展和建设时,我们不仅要考虑到学校的发展需求,还需要充分权衡财务能力,以确保规划与法律规定的支出和重点支出相一致。在不同的时间段,资金预算的重点可能会有所区别。财务部门在每年的资金预算中,应遵循"优先考虑事项、确保主要关注点、平衡一般需求、积极而审慎、实事求是以及收支均衡"的准则。通常情况下,尤其是在八项规定开始实施之后,财政拨款安排的出国(境)费、车辆购置及运行费、公务接待费这三项经费会大幅度减少;行政和公共经费受到严格的管理,而员工的绩效是根据编制和学校的在校学生数量来确定的;大型建设项目的投资所占的比例有所增加。

2. 资金决算

资金决算实质上是对资金实际支出状况的详细统计和综合总结。它的主要功能是对过去一年的财务状况、年度预算的完成情况,或者某个建设项目的进度和预算的执行情况进行总结,这样可以确保对未来的工作有一个清晰的了解,并为后续的任务提供必要的参考资料。在进行资金决算时,必须确保数据的真实性、准确性和完整性,并确保所有指标的口径都是一致的。利用资金决算表,我们能够了解学校的财务状况、办学实力和未来发展空间,并能够有效地进行财务的监督和管理,这为评估学校的办学成果和做出宏观决策提供了坚实的科学支撑。

(三)财务审计

审计部门的工作应以服务学校领导的决策、教育教学和广大教职工为核心原则。在维护财务纪律、优化教育环境、推动精神文明建设、优化经营管理和提高办学效果等方面,审计部门应发挥其监督和管理的重要角色。

1. 财务审计的职责范围

根据《教育系统内部审计工作规定》(教育部令第 47 号)第二十条内部审计机构应当按照国家有关规定和本单位的要求,对本单位及所属单位以下事项进行审计:贯彻落实国家重大政策措施情况;发展规划、战略决策、重大措施和年度业务计划执行情况;财政财务收支和预算管理情况;固定资产投资项目情况;内部控制及风险管理情况;资金、资产、资源的管理和效益情况;办学、科研、后勤保障等主要业务活动的管理和效益情况;本单位管理的领导人员履行经济责任情况;自然资源资产管理和生态环境保护责任的履行情况;境外机构、境外资产和境外经济活动情况;国家有关规定和本单位要求办理的其他事项。

2. 财务审计的方法

在财务审计中,根据审计的项目种类,我们可以将其分类为设备采购项目审计、基础设施维修工程项目审计以及经费使用效益审计三类。在对设备采购项目进行审计时,应仔细检查设备选型论证的充分性,以确保采购的设备是基于专业建设的需求,全面了解市场供应状况,并通过与多家供应商的货比分析来选择目标设备制造商和型号等关键参数,同时还须保证价格的合理性,这样做有助于提升办学活动的社会和经济效益。在进行基础设施维修工程项目的审计时,应与基建管理部门密切合作,通过仔细查阅相关图纸和造价数据,避免因设计超出标准而导致的资源浪费;通过内部审计与外部审计的结合,我们共同完成了基础设施维修工程项目的预结算审计工作;我们需要加强对施工过程的审计追踪,并对外部审计完成的预算和结算进行详细复核;对小型维修项目进行独立的审计工作。为了提高教育经费的使用效果,我们应该加强对国有资产的管理和审计,深入了解其使用情况,进行合理配置,防止因资产闲置而造成的浪费。同时,应通过使用情况登记表来记录设备的使用情况,对于长时间未使用的新设备,应适当追究设备申购责任人的法律责任。

三、信息资源支持

(一)信息、数据、知识的关系

不同时期的各国学者对信息的内涵有不同的定义。有些人将信息定义为情报或消息,而有些人则将信息看作数据或资料。各种不同的定义都是基于对信息从不同视角和重点的解读。通信本质上是信息的传递,为了解决通信过程中遇到的各种问题,有必要深入研究其本质和度量方法。因此,在通信科学中,信息最初被视为研究的对象,并逐步被引入到生命科学和经济学的研究中。随着互联网技术的广泛传播和应用,信息已经渗透到人类社会生活的各个方面,使得信息变得更加普及和不可或缺。人们对于信息的认知涵盖了网络中的所有数据、标记、信息和资料,这是一个包罗万象的庞大集合。

根据近年来人们对信息的研究成果,信息比较公认的概念可以概括为:信息是客观世界中各种事物的运动状态和变化的反映,是客观事物之间相互联系和相互作用的表征,是客观事物运动状态和变化的实质内容。

信息作为一种客观存在,可以依赖于文字、声音、图像和实物等多种媒介,由于人们的感知、理解和目标导向能力,信息具有了实用性的评估和选择价值。由于人们在信息的储存、传输、处理和共享方面的行为,信息在时间、空间和组合等多个维度上都会发生改变,从而塑造出全新的信息形态。因此,信息具有多种特性,包括客观性、普遍性、不完全性、依附性、时效性,以及可传递性、可存储性、可扩散性、可共享性和可加工性等。根据空间状况,信息可以被分类为宏观信息、中观信息以及微观信息;根据信源的种类,信息可以被分类为内部来源和外部来源信息;信息可以根据时间被分类为历史、当前和未来的信息;信息可以根据其价值被分类为有价值、无害和有害信息;根据载体的不同,信息可以被分类为文字、声音和影像以及实物资料;根据其性质,信息可以被分类为语法信息、语义信息以及语用信息;等等。

按信息性质分类形成的三个类别也被称为信息的三个层次:语法涉及"事物运动的状态和状态改变的方式"的本身,是信息最基本的层次。语义语用信息都是基于语法信息,借助语法传输的。

数据代表着存储或记录的信息,并根据特定的规则进行排序和组合,这些数据可能包括数字、文本、图像、音频或计算机编码。信息作为数据的载体,对于相同的信息,其在数据中的呈现方式可以是多种多样的。知识可以定义为信息接收者从信息中提取或推断出的结论,也就是从传输者的知识到数据,再到信息,最后到接收者的知识。

在教育和教学的过程中,知识的传递是不可或缺的。在这个过程中,有两种数据信息的转化方式:首先是教师根据自己的专业知识,将这些知识转化为教育和教学的相关信息,并将其传达给学生;其次,学生会根据自己的学术能力来接受和解读教师传达的信息,这些信息最终会被根据他们的知识和修养所吸收和内化。显然,人类的认知和理解能力为数据向信息的转换、信息向知识的转化、知识的高效整合以及新知识的产生提供了不可或缺的基础。

(二)互联网时代背景下教育教学信息的规范管理

在人类社会中,当信息产生后便要流向特定的接受者,使信息的生产者和接受者之间形成不断的流,这种不断的流被称为"信息流"。

信息管理在狭义上被定义为对信息本体的全面管理,这包括运用各种不同的技术手段和方法(例如分类、主题、代码和计算机处理等)来组织、控制、储存、检索和规划信息,并将其导向预定的目标。广义上讲,信息管理涉及对与信息活动相关的各种元素(如信息、人员、设备、机构等)进行有序地组织和管理,目的是确保信息资源得到合理的分配,从而更好地满足社会对信息的需求。在信息化社会中,信息量呈现出指数级的快速增长是其显著特点之一。如果我们不对信息流进行适当的管理和控制,那么我们将无法高效地使用这些信息,甚至可能威胁到人类的生活和进步。因此,在学校教育和教学信息管理方面,核心任务是管理学校的信息流,建立一个信息生成和有效应用的工作流程,以提高信息传播的效率,并预防不良信息对教育和教学质量造成的潜在风险。

1. 信息管理流程

根据信息生命周期,信息管理分为创建、采集、组织、存储、利用、清理六个阶段。

信息管理涉及信息生命周期中的各个环节的管理。在创建信息的过程中,信息的生成和发布具有很大的自由度和随意性,因此需要从组织的角度对信息的来源和内容进行价值评估,并对信息的标准格式进行规范。信息的收集被视为信息开发和应用的初始步骤,而常见的信息收集方法包括自动采集和手动采集两大类。面对信息内容的快速增长,多种载体、多种格式和多个渠道,通过制定合适的政策来明确信息采集的具体内容和范围,实际上是对信息采集流程的一种管理方式。在信息组织的阶段,主要任务是对收集到的大量、散乱和无序的信息进行深入地筛选、分析、标注、记录、排序和优化,从而构建一个用户可以轻松使用的高效系统。在特定的载体和介质上储存信息,实际上是将原本不可获得的信息转变为实际可获得的信息,并进一步将这些可获得的信息转化为实际可用的管理手段。通过使用专门的搜索引擎,用户可以根据自己的需要进行信息检索和提取,这个阶段就是利用阶段。随着时间的流逝,信息逐步老化,失去了其原有的价值,因此没有继续保存的必要,可以根据相应的政策、制度对信息进行清理,这样就完成了信息全生命周期的管理。

2.信息管理制度体系的建立

使用结绳来记录事件是古代人们管理信息的初始方式。图书馆作为一种信息管理机构,是在文字出现之后,由人们用文字来储存信息而形成的。由于文献收藏的主要内容是社会生活中的文字记录和各种文书档案,因此早期负责管理图书和档案的社会机构实际上是"同源"的。随着社会的不断进步,图书馆与档案馆开始有了新的方向,这在本质上反映了不同机构对于信息种类的有选择性地收集。

信息管理制度面临的核心问题是应该管理哪些内容、由谁来管理以及如何进行管理。关于信息内容的管理,我们需要明确哪些内容应由谁来管理,以及谁应该承担管理的责任。而如何进行管理,则涉及信息收集的目标、时间、范围、传输途径、方式、标准格式,以及存储的载体、介质和位置等多个方面的要求。在众多场合中,学校的信息管理主要可以划分为三大部分:宣传资料、档案资料以及与工作流程相关的信息。宣传信息主要集中在新闻和报道内容上,信息的生成主体包括学校内外的工作人员。因此,管理中的风险点主要集中在信息的真实性和是否具有有害价值的评估上,并根据这些评估来确定信息的发布对象、传播渠道和范围,从而提高信息使用的效果。基于是否具有危害性的信息管理方法也扩展到了意识形态管理的范畴,将审核流程提前到信息生成的初始阶段。同时,通过对发布信息后的舆情进行监控,以预防可能出现的舆论风险。日常工作中产生的工作运行信息,从质量管理的角度看,也可以被视为记录的证明文件。然而,并不是所有的证明文件都可以或者应当被转换为档案资料。通常情况下,与学校的资产、经费、成果等或与办学历史有关的文件,教师个人的党员发展信息,学历、学位、职称信息,学生的学籍信息等,都应该作为档案材料进行保存,并且应该有一个相对长期的保存期限,有些甚至需要永久保存。然而,在办学活动中产生的各种需要进行动态调整的运行文件,例如调课单和考试卷等,都可以由相关业务部门进行自主管理,并适当缩短其保存时间,然后按照规定及时清理。

信息管理中还需要注意信息保密机制的建立。按照信息安全的级别分类,我们可以将信息划分为 A、B、C、D 四个层次,其中 A 级代表机密信息,包括绝密、机密和秘密这三个级别;B 级代表敏感的数据;C 级代表的是公司的内部管理资料;D 级代表的是公开的信息。信息发布的等级可以根据信息的级别来确定,也就是说,C 级及以上的信息是不允许发布的,而 C 级及以下的信息(包括 C 级)可以在外部网络上发布,但发布时必须严格遵循信息发布的审批程序。禁止任何人制作、复制、发布或传播含有有害内容的信息,例如违反宪法的信息;泄露国家机密、威胁国家的安全、损害国家的利益、破坏民族的团结以及破坏国家统一的信息都是不被允许的信息;与邪教和封建迷信相关的信息;破坏社会的稳定和秩序的不实的信息;淫秽、色情、赌博、暴力、谋杀、恐怖和教唆犯罪相关的信息;其他的法律和法规明确禁止发布的信息。

3.传统信息服务模式的当代审视

传统的信息管理以信息源为核心,管理的重心在"藏"。随着信息量的急剧增加,在实际馆藏资源有限的情况下,各种信息载体开始被开发和应用。利用计算机系统,我们不仅为信息创建了巨大的虚拟存储空间,还为信息检索提供了高效快速的路径。然而,随着社会进步,我们观察到信息呈现出碎片化和爆炸式的增长趋势,这也导致信息的时效性逐渐降低。在追求高效处理和传播信息的同时,如何实现信息的有效利用和共享,以及信息安全和信息利益等方面的问题也随之出现。我们需要从经济学中资源高级决策的战略需求视角来管理信息活动的资源属性。因此,将技术、经济和人文三个方面紧密结合,对于网络信息资源的管理变得尤为紧迫。

(三)智慧校园建设

"互联网+"使得教育从封闭状态转变为开放状态,每个人都能分享和使用知识成为一种常态。教师和学生之间的界线逐渐模糊,同时教育机构与非教育机构之间的区分也变得不那么明确了。同时,"互联网+"也促进了教育领域自我提升的速度。面对"互联网+"带来的影响,我们需要对教育资源进行重新分配。

1.智慧校园的内涵与特征

智慧校园这一概念起源于 IBM 在 2008 年提出的"智慧地球"概念,它代表了在信息技术背景下的创新思维、管理方式以及一个具备系统思维、数字化、数据化、网络化和智能化特点的扩展系统。其核心目标是改变人与人、人造系统与自然之间的互动模式。智能校园在其发展历程中,经历了三个独特的阶段:网络化、数字化和信息化。在这个网络化的校园时代,信息在教学中的作用是以实现互联互通为目标,以扩大校园网络带宽为基础,以多媒体教学、一卡通、视频监控等资源建设为主要目标,促进学校的教学、办公、科研等各方面的管理能力的提升。随着信息资源的日益丰富和各种信息的持续融合,学校的网络系统也步入了数字化的成熟应用和持续运作时期。在数字化的过程中,校园网展现出了"超高速"的特点和信息的"泛载"特性。在一个统一的网络基础设施平台上,校园网利用虚拟化技术构建了各种资源池,如网络、计算、存储和安全等,并根据业务或用户需求进行资源分配,以实现校园网络的广泛应用。然而,该阶段普遍存在着资源使用效率不高和基础设备投资成本过高的问题,信息孤岛现象也是这一阶段普遍存在的难题。网络之间的相互隔离,导致了建设的成本增加、维护变得复杂、资源的使用效率降低、能源消耗增加以及空间占用增大一系列问题的出现。伴随着大数据、云计算和移动互联等先进信息技术的应用,学校的信息系统能够利用虚拟化技术来满足校园网络的各种业务需求,从而实现网络带宽、服务器和存储资源的高效分配,使其展现出"智能化"的特点。这种智能化的明显特点是:在信息的收集、储存、处理和推送等各个环节中,信息管理已经达到了自动化的水平。与智慧校园相比,数字校园的核心差异在于:在数字化时代,信息主要是为了方便"施者"对外部世界进行控制和管理。但在智慧校园里,数据的流动和透明度会大大提高,使用数据时更加强调责任和体验,更加关心他人的利益,并提高包括"施者"和"受者"在内的每个人的活跃度。

2.智慧校园建设的关键技术

大数据、云计算、移动互联是智慧校园建设的三大关键技术。

大数据不只是指庞大的数据规模,它还涵盖了用于数据采集的各种工具、平台以及数据分析系统的软件和硬件。大数据代表着巨大的数据量、多种可能性、低的价值密度和快速的处理速度。学校的师生在教学期间,甚至在离开学校的一段时间内,都会产生大量的学习、教学、科研、奖惩数据,这些海量数据包括了学校常规管理的业务,例如人事、教学、财务工作等。通过应用无缝集成技术来收集这些数据,并依据消息源、接收方、消息正文、消息类别以及消息传播媒介这五个关键要素,对数据进行有组织的分类处理,从而为数据的有效推送和应用奠定了坚实的基础。

云计算是一个可容纳大量数据信息的集合体,其作用就是为网络用户提供一个虚拟的、抽象的、具有较大存储能力和分析能力的平台。云计算技术为学校师生在日常生活中生成的大量数据提供了储存空间。通过对数据安全、信息管理和存储等多个方面的深入分析,我们能够识别出师生的服务需求和行为模式,进而整合和总结出对不同用户具有价值的信息,实现信息共享,并为具有不同需求的用户提供改变行为和做出决策的可靠依据。

移动互联可以定义为互联网技术、平台、商业应用和移动通信技术的综合应用和实践活动。它作为桌面互联网的一个补充和扩展，具备终端的移动性、业务使用的私密性、终端和网络的局限性，以及业务与终端和网络之间的强关联性等多个特点。移动互联为智慧校园提供了一个建立和分享信息的有效途径。

3.智慧校园助推教育方式变革

课程的构成要素包括主体、对象、内容、方法路径、时间、空间六个方面。"慕课"是一种大规模的在线开放课程，由具有分享和合作精神的个人、组织发布，并在互联网上广泛传播。相较于传统课程，慕课突破了传统课程在时间和空间上的限制，更加强调学习者的内在驱动力在提高学习效果上的重要性；慕课提供的教学资源呈现出碎片化的特点，这有助于减轻学习的复杂性；为了更好地适应学习者的学习节奏，课程内容可以在任何时候被暂停或多次回放。这些独特的特点使传统课程从集体学习模式转向更为个性化的学习方式。此外，这些特点也会对课程的形式、框架和技术环境产生影响。传统的以纸质媒体为载体的课程教材，由于其固定和缺乏灵活性的内容模式，已经不能满足个性化学习的需求。因此，这些教材将逐步被更为立体和活页式的新型教材所取代，同时课程内容也需要在专业性和学校特色之间找到一个平衡点。随着时间的推移，线下教学方式将逐步转变为线上或线上与线下相融合的模式，这不仅促进了课程开发的合作性、共享性以及教学体验的互动性和参与性，还对课程资源的多样性和开放性提出了新的挑战。

四、技术支持

（一）教育技术的内涵和定义

人们对教育技术的认识是逐渐深入的。广泛意义上的教育技术是由人类在教育过程中所使用的各种方法、工具以及教育参与者所需的技能组成的。它遵循教与学的原则,旨在推动学生学习,规划教学流程,以及开发、利用和管理用于教学资源的各种技能、工具和方法。狭义上说,教育技术是指在解决教育和教学问题时所采用的媒体技术和系统技术。

1.教育技术的本质特征

教育教学是一个信息沟通与传递的过程。在信息传输的整个流程中,不仅依赖于各种技术硬件来确保信息的高效和准确传递,而且还需要人们对信息的开发、选择、整合,以及信息推送的时间、地点、速率、频次等关键因素的综合和整合策略的精心设计。因此,教育技术具有三个核心特性:首先是对各类教学资源,如人力、财力、物力和信息资源的全面开发;其次,采用系统化的方法来规划和组织教学流程,以实现教学资源的高效和有效利用;第三,追求教育的最佳状态,通过对教育流程的精细管理,旨在提升教育的品质并确保教育达到最优效果。

2.教育技术的分类

教育技术分为有形(物化形态)和无形(智能形态)两大类。物化形态的技术是凝固和体现在有形的物体中的科学知识,包括从黑板、粉笔等传统教具到电子计算机等一切可用于教育的器材、设施、设备等系统软件;智能形态的技术是指那些以抽象形式表现出来的,以功能形式作用于教育实践的科学知识,如系统方法等。

3.教育技术的发展趋势

传统的教学方法主要依赖于语言媒介、文本和印刷媒介,利用黑板、粉笔、挂图、模型和教科书等工具进行教学,它是一种将视觉信息和语言信息融合在一起的教学方式。在教育领域,技术支持主要反映在教师这一教学主体的个人素养和教学内容的系统性设计上,同时也通过教具的使用来提高信息传播的效率。随着信息技术的持续进步,物质化的信息技术与教师的智能教学能力得到了深度融合,这使得教学技术从依赖口头语言、书籍、印刷教材和电子视听设备的视听方式,转变为多种媒体信息结合的网络教学方式。同时,互联网技术也为教学带来了自动化、微型化、多样化、网络化、交互化、大众化、综合化、系统化和科学化的新趋势。

(二)教育技术的原理

1.信息传播模式

传播理论对教育技术的贡献是其对教学传播过程所涉及的要求、教学传播过程的基本阶段及教学传播基本规律的归纳。基于现代传播学的奠基人之一拉斯韦尔的 5W 模式,布雷多克揭示了教育传播过程的规律,提出了影响教学信息传播效果的因素。

信息论的创始人香农及其同事韦弗在研究信息流通过程时,提出了香农—韦弗模式。在这一模式中,传播被描述为一种直线性的单向过程,包括了信源、编码、信道、译码、信宿、干扰六个因素,后来在该模式中又加了反馈因素,形成了双向传播模式。

2.系统科学理论

系统科学理论所指的系统是一个由互相关联和互动的元素构成的,拥有特定的结构和功能的有机集合。如果传播模式为教育技术的选择和应用提供了分析模型,支持教师从各个不同的环节对课堂教学进行优化,那么,系统科学理论则为教师提供了科学的思维模式。

整体性是系统的本质特征,揭示系统中各要素的自身状态及相互关联的形式决定了整个系统的功能和效用。以合格率为例,某系统中每个子过程的合格率(或满意率)都达到 99.5%,好似一个比较优质的运行结果,但经过五个相互衔接的子过程的传递,系统的总体合格率仅为 $95\% \times 95\% \times 95\% \times 95\% \times 95\% = 77.4\%$。显然,一个学校整体的教育教学质量的传递也符合这一规律,从而提示整体的质量取决于每个环节的 100%合格(或满意)。

没有反馈不成系统。反馈是把已给定的信息作用于对象后所产生的结果再输送回来,并对信息的再输入发生影响的一种过程,它使过程形成一个闭合的回路,即 PDCA 循环。

所谓有序,是指系统由低级的结构变为较高级的结构。由于每一个 PDCA 特征中的"P"都是在经过改进以后重新优化输入的,因此使系统的运行状态呈现有序的螺旋上升的轨迹。

(三)现代教育技术的地位与作用

现代教育技术是一种与传统口耳相传的教育技术不同的现代多媒体、互联网和虚拟现实教育技术,它是在教育领域中应用的电子技术、信息技术等现代教育媒体,以及相应的应用方法、策略、技巧和经验。从物质形态技术的角度看,现代教育技术更倾向于探索现代信息技术在教育中的应用。这种技术主要以多媒体和网络技术为中心,旨在创建一个基于多媒体和网络技术的教学和学习环境;从智能技术的视角看,现代教育技术的运用必须受到先进教育理论的引导,以提升教学品质和实现教育过程的最优化服务。

现代教育技术在教育和教学方面的影响主要体现在四个层面:首先是教育规模的扩大。借助现代的教育技术手段,可以打破传统课堂教学的时间和空间界限,让更多的人受益于教育,并享受到高质量的教育资源,进一步促进教育的公平性。其次是努力提升教育和教学的品质。当代的教育技术整合了众多的信息资源,这些资源因其生动性、形象性、强烈的感染力以及容易激发学生的学习热情和内在驱动力,从而增强了信息的有效传达。再次是增强教育的效益。当代的教育技术可以通过多种信息载体为学生的感觉器官提供多途径、全面的刺激,进而激活人体的各种感官在接收和处理信息时的协同作用,这有助于增强信息的储存和记忆能力,并提高信息传递的效率。最后是推动教师的职业发展。教师的专业化本质上是指教师个人的专业素质和技能的逐步提升。随着现代教育技术的进步,教师在课堂上的教学方法也经历了变革,这对教师的职业技能提出了更新的标准。教师的专业素养中,信息化素养占据了关键的位置。现代教育技术为提高教育人力资源的开发和质量开辟了新的途径和方法。

五、设施与设备支持

职业学校日常运行的需求有生活、学习两个方面，都需要系统设施与设备的支持。

(一)基于有效运行的设施设备支持模式

1.管理的边界

及时有效的服务不仅包含固定资产的配置，还包含日常运行耗材的及时供应保障。

通常，人们对"硬件"的了解主要集中在实体资产的理解上。随着学校在信息化方面的持续进步，各种软件系统、AR(增强现实)和 VR(虚拟现实)的设备和设施都在逐渐增加，这也使得对教育和教学的支持力度持续增加。因此，虚拟现实的相关设备和设施将不可避免地被纳入学校资产管理的考虑范围内。

2.以保障有效使用的设施设备管理模式

设施设备的使用是支持教育教学的具体体现，保障设施设备有效、高效地使用，是设施设备管理的目标要求。这一管理强调的是，设施设备的运行性能保障是其支持模式的显著特点。鉴于各种设施和设备的使用寿命、性能稳定性和运行环境需求都存在差异，因此通常会根据维护和检修的频次和难度来分类管理，并构建一个运行故障风险的评估和监控体系。为了评估其在支持教学方面的服务质量，我们还需要配置合适的维修团队，并设定报修响应的时间期限。

鉴于硬件设备的多样性、复杂性和管理规模的持续扩张，硬件设备维护业务所需的人员队伍的能力结构将会发生根本性的改变，这将导致设施设备支持的主要问题转向人员技术能力的不足，最终可能对学校的管理机制构成挑战。

（二）基于生命周期设施设备支持模式

必需、够用是设施设备支持教育教学的必要条件。在实际操作过程中，受到多种因素影响，有些设备和设施的使用效率很低，有时甚至长时间处于未使用状态。另一个普遍存在的问题是，人们往往忽略了那些"陈旧"的设施和设备的价值评估，这进一步削弱了它们在教育和教学方面的支持作用。

基于生命周期的设施设备支持模式与基于有效运行的管理模式之间的核心差异在于，基于生命周期的设施设备支持模式特别重视在建设和淘汰两个阶段对设施和设备价值的评估。建设阶段涵盖了从需求提出到最终交付使用的整个流程，并可能进一步细分为需求评估、选择（或方案）评估、招标与采购、合同执行以及合同验收等多个子阶段。在需求论证中，我们必须重视其必要性，特别是与专业和规模的匹配性问题；造型（方案）的论证主要集中在前瞻性和性价比的问题上，尤其是在更新和迭代速度极快的信息技术设备和设施方面，更应将其与学校的中长期发展目标相结合，并将其纳入学校的整体规划和顶层设计进行全面评估。在淘汰阶段，我们需要重新评估设施和设备的价值，尤其是那些与学校发展历史紧密相连、具有实物证据价值的"老"设备。尽管它们可能没有在前线领域为教学提供过多支持，但它们的历史价值仍然可以被挖掘并发挥其潜在作用。经过评估，那些无法继续为教学提供有效支持的设备和设施，应当按照既定流程被淘汰，并从现场移至资产账户进行注销。

（三）以服务的视角对设施设备支持的审视

职业学校的学生主要是住宿生，他们在日常生活中的各种需求，如饮食、住宿、交通、环境清洁、健康检查和经济援助等，都会被纳入学校的服务项目中，从而将传统的"后勤"服务模式转变为直接服务学生的"前台"模式。这些生活服务不仅是对学校办学的基本要求，同时也展示了学校的管理方式和管理的质量标准。

生活服务管理模式有学校自主经营与外包服务模式两类。基于外包的具体内容和时间,我们还可以进一步将其分类为长期承包和短期承包两大类。为了提高师生的餐饮体验,可以考虑将餐饮企业引入学校进行经营,并在学校内部创建一个"微"市场来刺激各种行业之间的竞争。这一外包周期相对较长的模式,其管理重点主要集中在对新引进服务提供者资质的严格审核以及对运营过程质量的持续监控上。临时性的服务外包,例如为学生异地活动提供的交通保障,由于其需求的短暂性和时间的迫切性,使得对服务提供者的资格进行细致的评估变得困难,这带来了一定的风险,特别是在服务成本的有效控制和服务质量的不确定性方面。

学生的实习是职业学校教育教学服务的重要过程。在这个过程中,实习单位的场地和设备作为学校设施设备的扩展和补充,在培养人才的过程中起着至关重要的作用。然而,从社会角色的角度来看,实习单位和职业院校构成了服务的上游和下游关系,两者的融合程度不同,因此对教育和教学的支持程度会有很大的差异。在融合程度相对较低的情况下,实习通常被认为是教学服务的"外包"方式,其中企业在"谈判"环节占据主导地位。由于其在实习阶段为学校提供了实践教学的支持,因此作为有偿服务的回报,学校有责任为企业承担相应的"教学服务"费用。在学校与企业深度融合的教育模式中,教育的核心资源、设备和设施在资产所有权上达到了"你中有我""我中有你"的平衡。教育的目标高度一致,设备和设施的权利分配在教学和生产的实际操作中交替进行,这为提高人才培养的质量提供了强大的支持。这种模式被视为职业教育设备和设施在教育和教学中的巅峰,但目前还很少有真正达到这一程度的例子。大多数情况下,学校和企业都在根据自己的利益和需求,通过协议来明确各自的职责,以支持学生的职业发展,但这还没有达到真正的人才培养的共同目标。

第四章 职业教育教学绩效管理

教育教学质量是学校核心竞争力的集中体现,是新时代职业教育内涵建设的客观要求。而内涵建设的当务之急是明确内涵建设的重要性和合理性。教育教学质量测定、分析与改进是职业院校内涵建设的切入点和方法路径。

第一节 职业教育绩效管理

一、质量的内涵及相关术语

(一)质量、质量标准与质量检验

质量是一组产品特性满足需求的程度,包含"特性""需求""程度"三个核心内涵。

不同事物的特性不一,用以描述质量的内容指标就不尽相同。比如,实物产品的各种特性能够通过其外表特征,比如尺寸和形状来进行描述。食品的属性,是可以从颜色、香气或味道等方面来体现出来的。教育教学是一种服务型的产品,它们的特点表现为具备"抽象"的属性。因此,对于教育教学质量的特性,通常会通过各种载体来描述,如专业程度、课程设计、学生能力和教育流程的标准化。

"需求"也是一种"标准"的概念,根据"需求方"的不同,标准分为统一标准和个性标准,也分为国家标准、组织标准、行业标准、组织内部标准,或者分为隐含标准和显性标准,等等。用以描绘各类需求的评判标准既多样又复杂。某些情况下,我们可以直接通过详细的数值来描述需求,例如工件的直径是 0.02 cm,而药品的规格则达到了 0.2 mg。对于不易计

算的需求,经常会以字面的"明文"的形式描述,例如对于中级干部,他们的能力标准应该是"尊重、理解他人意见,并高度重视合作伙伴的参与"。

"程度"是对比得出的结果。从中衍生出参照系(物)与测量值以及偏差等概念,测量值是对某事物进行检测的结果,与技术、方法、人员、环境、设施等因素有关。为确保测量值准确、真实并能客观地揭示被测对象的各种属性,我们常常需要对这部分内容进行标准化,从而创造出一种统一、稳定且可执行的工作文件,这种文件也在技术标准文件中。参考系(物)的本质是准则。将实验所得的测量结果与现有标准对比后得出的匹配"程度"作为评判,这被定义为质量判断。品质的最终评定可能是基于某一个指标得出的,例如药物含量是否达到标准;在药品生产现场,清理过程往往是基于一系列具体指标进行的。如,是否已经彻底清理了所有物料、文件是否已正确摆放、设备和器具是否经过了彻底的清洁和消毒,以及场地的地面、墙壁、台面和地漏等都达到清洁和消毒的标准,这才是确认"清场"是否达标及是否允许签发"放行"命令的关键。用"是否"来描述需求的标准称为定性指标,这些指标经常被用来描述那些难以衡量的事件和事物。

将定性指标分为若干个等级,并将各等级赋予一定的数量值(赋分),是将定性指标转化为量化指标的常用方法,用于相对复杂,需要定量与定性相结合的质量评价。

(二)偏差与警戒

偏差与警戒是与量化评价相关的概念。偏差是测量值偏离标准的程度。用具体数据呈现的标准,常常会对其偏离的范围予以限制,如工件的直径为 20.0 ± 0.3 cm,意味着该工件的直径可以有 0.3 cm 的偏差,只要测量所得数据在 $19.7 \sim 20.3$ cm 内,该工件的质量就是合格的。± 0.3 cm 就是直径标准的偏差许可范围。

偏差是系统静态条件下对测量结果偏离标准范围的规定。警戒是一种在系统不断变化状态中,对测量数据可能偏移至预定标准的趋势,以及与之关联的可能的质量风险和风险等级的评估。所谓警觉范围,便是警戒界限,应当在允许的偏差范围内。在偏差范围内可以确保质量达标,而在警戒范围内则意味着质量安全保障,虽然超出警戒范围并不一定导致质量不达标,但这警示着可能存在安全问题,应当立即采取必要措施进行防范。设定预警上限是质量风险管理中的关键技巧之一。

二、绩效与绩效管理模式

绩效管理是人力资源管理中完整的过程和体系,包含目标设定、实施计划、绩效考核、结果运作。

(一)绩效的含义

"绩"指功业、成果,"效"指效能、效率。绩效可以描述为一个具有明确状态和达到特定状态的速度的指标,它经常用于衡量一个组织的工作品质及其效率;高的绩效代表着其高质量和高效率。绩效也经常被用于描述人们可以看到的行为和所带来的后果。并不是所有的努力都构成绩效,只有对于团体目标的达成具有积极影响的努力才能被称作绩效。于是,一个成熟的行为观点是:某些工作成果并非由员工行为产生的,而这些成果不应仅仅被视为绩效;过分关注结果可能会忽略某些关键过程和人际关系的影响,从而可能产生短时间的行为并带来不利的结果。

(二)绩效的外延

绩效的外延包括三个方面。

1.绩效是一个具有可比性的量化数据

虽然我们可以将质量分为定量和定性两种评估方式,但质量作为衡量整体绩效的关键部分,其所代表的各层次指标均需要量化。这种量化方式并不意味着我们不能直接引用某些质量准则和质量检测数据,同时它也应该对那些由不同质量状况描述的质量指标进行打分,确保它们之间能进行比较。

2.绩效目标定位于绩效要素100%合格

绩效水平的实现不仅仅是业务运行的结果,也与支持业务运行的人、财、物等支持系统密切相关。因此,绩效是运行绩效与支持系统绩效叠加的结果。

绩效的传递与质量的传递具有相似的规律,例如生产某一产品经过五道工序,每个工序的合格率均达到99.9%,则最终的产品合格率 Y = 99.9%×99.9%×99.9%×99.9%×99.9%≈99.5%。

这一规律提示的是绩效水平的整体性、质量提升目标的一致性和组织的协同性。即使从单一的工序(过程)或单一的部门指标数据显现出高水平,但经过若干子过程和部门的叠加和传递,组织的总体绩效是降低的。因此,绩效目标不是某项质量指标的高水平,而是所有过程、所有业务的合格率达到100%。

3.组织的绩效水平取决于组织目标的自主定位

绩效标准是持续提高的一个思想,它只是反映了组织的愿景和目标。在不同的机构之间,绩效水平并没有固定的规范,只是对组织本身有益,这是一个组织内的、个体化的评估标准。此外,基于组织的不同业务特性或在不同阶段追求的目标和愿景的差异,所采纳的绩效评估指标和定位可能存在显著的不同。

(三)质量与绩效的差异

进行质量和绩效的评估都需要使用适当的工具来收集目标特性数据,这也是评估工作流程与标准是否一致的关键步骤。组织业绩所在的状况可以通过其质量和绩效水平得到反映。质量是形成绩效的核心要素,绩效目标则是为了在高质量的环境下实现高效运作。

质量与绩效的区别主要有如下几个方面。

1.测量的对象与范围不同

质量测量适用于实物性产品的评判,可以针对某一个单项指标进行测量,既适用于"事"也适用于"物"的评价。而绩效测量适用于质量测量结果的统计,是对"事"和"人"的评价,适用于对组织或团队工作水平的评判。

2.测量方法与结论不同

质量测量可以有定性与定量两种形式,定性的结果可以按等级予以呈现,定量结果则以数据形式呈现。但绩效测量即使采用了定性的方法,也仍需将定性结果按一定的方式进行量化。

3.测量关注的侧重点不同

质量测量的侧重点在测量,关注测量工具、测量方法、测量技术反映客观事物特性的准确性和客观性,而绩效测量由于针对的对象是"人",因此对测量要素的关注更加侧重于公平性与公正性。

第二节　职业教育绩效测量

绩效测量是指对已实施行为的效率和(或)效力尽可能最大化的量化可行性进行的检验。而绩效测量系统则是对已实施行为的效率和(或)效力进行量化的系统。

一、绩效测量的意义与原则

(一)绩效测量的意义

绩效测量包括指标定位、数据采集、数据统计等操作过程,其意义在于:

1.达成目标

绩效测量本质上是一种过程管理,而不是仅仅对结果的考核。它是将中长期的目标分解成年度、季度、月度指标,不断督促员工完成的过程,有效的绩效考核能帮助组织达成目标。

2.挖掘问题

绩效测量是一个不断制订计划、执行、检查、行动的 PDCA 循环过程,即整个绩效管理环节是包括绩效目标设定、绩效要求达成、绩效实施修正、绩效面谈、绩效改进、再制定目标的循环,这也是一个不断地发现问题、改进问题的过程。

3.分配利益

与利益不挂钩的考核是没有意义的,员工的工资一般都会分为两个部分:固定工资和绩效工资。绩效工资的分配与员工的绩效考核得分息息相关,所以一说起考核,员工的第一反应往往是绩效工资的发放。

4.促进成长

绩效考核的最终目的并不是单纯地进行利益分配,而是促进组织与员工的共同成长。通过考核发现问题、改进问题,并找到差距进行提升,最后达到双赢。

(二)绩效测量的原则

绩效测量一定要做到公平、公开、公正。为达到这几点必须遵循以下原则。

1.目标性

在实现统一的目标指导下,各部门和环节对于绩效指标的测量并不是最终的终极目标,而是衡量他们对于目标达成的贡献程度。因此,在选择绩效评估标准时,我们必须清晰地界定标准与组织的全面目标之间的联系,以确保不会因为测量标准与总体目标的不一致而损害评估的价值,或者导致资源的不当浪费。

2.全面性

绩效指标应全面反映组织的业绩状态,特别是全面反映组织目标的达成度与水平。同时,绩效指标也能够在一定程度上反映组织发展的趋势与潜力,能够为组织的改进与提升提供依据。

3.激励性

绩效测量的目的是建立在有效激励的前提下的。绩效测量的结果形成绩效高低的排序如果不作为激励条件与薪酬挂钩,则绩效的测量就完全没有意义。绩效测量的结果必须与利益和薪酬挂钩,这样才能够引起组织由上至下的重视和认真对待。

4.认同性

绩效的测量必然形成不同组织、人员之间的对比,从而刺激人的应激反应,甚至成为潜在的风险。因此绩效测量的推行要求组织必须具备相应的文化底蕴,要求员工具备一定的职业化素质。

5.可控性

绩效测量是组织的一种管理行为,是组织表达要求的方式,其过程必须为组织所掌控。如果绩效测量指标不能量化则会使绩效测量流于形式。可量化的指标在测量的技术、方法、手段上不能实现,或者形成的量化结果出现较大偏差,都可能导致绩效测量的意义丧失。

6.持续性

持续的绩效测量是质量风险管理模式在绩效管理中的应用。持续的绩效测量能够反映绩效发展的趋势,有助于组织发现和判断发展的潜力和缺陷,评估风险强度为建立有效的防范措施提供了可靠的依据。

二、绩效测量指标

绩效测量指标是绩效测量的标准,通常可以按绩效内容、测量时间、指标类型、管理模式及人力资源管理需要进行分类。

职业学校应结合学校的业务特点、组织发展的目标愿景和绩效管理模式,建立适合职业学校特点的绩效测量指标体系。

(一)职业学校的绩效指标

职业学校的绩效指标包括基础能力、育人业绩。

1.基础能力指标

对职业学校而言,基础能力指标包含人员、场地、设施与设备等要素,是学校办学的基础条件,政府对此所制定的具体的配置标准,则反映学校办学能力的"底线",属于学校办学能力的"硬性"指标。

2.育人业绩指标

育人业绩指标需要反映学校的办学成效,包括办学规模与办学水平。学生不仅是教育质量的关键载体,也是作为学校教学和教育服务的实际接受者即用户,他们在学校的生活体验满意度是对学校教学表现的一种多维度评估。职业学校在评估业绩时,由于其分类特点,会特别重视学生的就业比例和工作的品质指数。当谈到学生就业的企业,对学生的素质满意度实际上就代表了学校的教育质量、课程设置和教学水平。

教育教学的质量是在师生的共同协作下实现的,所以学校的办学业绩不仅关注学生的成长,同时也关注教师与校外同行的对比。

(二)团队绩效指标

成熟度是对组织管理绩效的评价指标,既可用于组织与外部同类机构的绩效对比,也适用于组织内部不同部门或团队之间的绩效对比。

1.指标内容要素

成熟度指标包括过程类指标(ADLI)和结果类指标(LTCI)。过程类指标包括方法(A)—展开(D)—学习(L)—整合(I)四个要素,关注什么方法/如何做(方法的适宜性、有效性、系统性)、实施到什么范围/程度(时空上的展开)、通过评价和改进如何对方法进行不断完善、方法与在标准其他评分项中识别出的组织需要协调一致。结果类指标包括水平(L)—趋势(T)—对比(C)—整合(I),关注组织绩效的当前水平、组织绩效改进的速度和广度(趋势)、与适宜的竞争对手和标杆对比绩效、与组织识别的重要绩效目标相连接。

2.成熟度的要素关系

成熟度作为绩效测量的指标是基于组织内外部环境、人员、资源等要素影响绩效的逻辑关系。

在这一逻辑关系中,强调远见卓识的领导关键作用、战略导向、顾客驱动、社会责任、以人为本、合作共赢的经营发展理念,重视过程与关注结果学习、改进与创新系统的管理方法,从而形成六个方面,将组织的成熟度划分为被动型、初学型、主动型、灵活型、卓越型五个等级。

在组织内部的各部门(团队)的绩效测量也可以采用类似的思路与方法建立指标体系。

(三)个人绩效指标

个人的绩效指标可以分为特质类指标、行为类指标和结果类指标。与特质相关的指标着重于人的素养和成长潜能,能够预测未来工作的可能性。如果对实际状况的评估不够准确,将会导致预测数据的偏差,且难以区别真实的工作表现与前景的机会,这样的情况可能让员工感觉有不公之处。与行为相关的指数着重于绩效的实际执行过程,这适用于通过单一或流程化的方法来实现的职位。核心难题在于,如何区别那些具有相同潜力实现目的的不同行为模式,从而选取真正满足组织需求的方法。如果员工不重视自己的职责,那么这种评价指标实际上会存在一定的限制。与结果相关的指标是用来衡量绩效目标是否能够达成的,适用于评估那些通过多种手段可以满足绩效目标的职位。然而,测量结果有时并不完整受测量实体的影响,运用这种方式进行评估可能容易导致评估结果出现失误;此外,也有一些弊端,这些弊端可能促使被测评的单位为实现目标而不择手段,使得该机构在追求短期回报时失去了长远的益处。

三、绩效测量的方法

绩效测量的操作方法分为绩效指标数据采集、绩效指标数据统计、绩效指标数据测量、绩效分析与评价四个工作过程。

(一)绩效指标数据采集

为营造良好的绩效测评氛围,保障测量结果的客观性、公平性,绩效指标数据的采集需要以文件形式固化指标内容及其数据的采集范围、采集数量、采集对象、采集频率,并提前告知被测量对象。

1. 报表

绩效指标数据经常被整理成报告形式,并分发至相关领域的单位和工作人员。在发布这些报告时,必须明确统计的时间段和报告的反馈时长。对于可能引发混淆的指标,还需进一步解释其真正意思。报表采集的指标数据因其明确的目标和统一的格式特点而被大量运用,但这并不意味着数据的填报可能会由于主观或客观的因素而导致偏差。为确保所提供报表数据的真实性和客观性,有时需要对其进行实地验证。

2. 测试

绩效是人的工作数量、工作态度、工作能力与工作质量的集合,其中,工作数量和工作质量属于结果类指标,也是绩效的"硬性"指标,以报表的形式进行采集;工作态度和工作能力是在工作的过程中呈现的,属于绩效的"软性"指标,需要用测试的方法采集数据。

能力的测试可以结合知识、技能、素养三个方面进行。对于特殊岗位的人员,能力的测试还涉及准入性资格测试和工作岗位能力测试。以国家级的教师资格证书作为准则,教师可以申请进入职业培训领域。持有这一专业资格证书意味着,持有有效资格的人员也能够在该职位上执行相应的职业职责。职业资质考试同样属于一种标准的能力检验方式。在现实的职务中,尤其是在整个组织里,人们的工作能力和对组织的贡献与其工作态度紧密相连。因此,在实际工作场景下对人员进行评估,不仅可以确保个人的目标与团队的目标保持一致,还能为团队人力资源的发展提供强有力的支撑。

3. 测评

测评既有测的含义,也有评的特点。对于难以量化的结果类绩效指标,或者结果有过程依赖特性的工作适宜采用测评的方式采集数据,如教师的教学满意度指标、部门工作质量指标等。

需要注意的是无论是测试还是测评,最终的结果难免都有测量主体的主观意识。为了减少或消除测量主体主观判断对测量成果客观和公平的影响，通常会明确评估实施主体的资格标准，并在广泛的数据收集领域或根据测量体的性能对数据给予不同权重。比如，当评估教师的教学技能与教学品质时，可以依据评估团队的能力需求，设立一个包括专家、管理高层、同侪、学生代表等的评估小组，然后对团队成员的评价值进行加权平均，从而得出最终的性能指标数据。

(二)绩效指标数据统计

1.求和法

简单求和的前提条件是数量单位的一致性。不同单位的数量在绩效指标数据统计时可以按统一标准进行转换。在绩效测量中，为体现指标的地位，常常对重要的指标数据赋予一定的权重，则为加权求和。

2.平均值法

平均值法主要用于对同一指标不同来源的测量数据的处理；当对不同数据赋予了一定的权重时，则转化为加权平均值。

3.图表法

图表法常用于比较性数据和连续性变化数据的统计，具有直观性的特点，能够较好地用于分析对比数据及其变化的趋势。通过对因变量数据的分析，能够更加精准地判断相关因素与其关联程度，为选择制定改进措施提供决策依据。

4.定性数据的处理

定性数据常常以正负两种判断性信息呈现，如某人是否持有国家级的教师资格证书，是否制定了个人的近、中、远期发展规划等。也可能以等级形式呈现，如项目验收测评结果为优、良、中、合格、基本合格、不合格六个等级。由于计量的单位不同，故不同的绩效测量数据无法加和对比。为方便对具有平行关系的人或部门进行绩效对比，可以采用固定分值的形式转化数量单位，如判断为"正"赋予 60 分，优、良、中、合格、基本合格、不合格六个等级分别赋予 90 分、80 分、70 分、60 分、50 分、40 分。由于该方法中定性测量数据和等级测量数据的单位都是"分",故同一对象的得分可以加和并用于对比不同人的得分。

(三)绩效指标数据测量

信度与效度是事物的两个特征指标,因此它们描述的对象可以是任何事物。在此信度与效度所描述的对象是绩效指标数据。

1. 信度

信度是指测量结果的一致性、稳定性及可靠性。信度系数越高即表示该测验的结果越一致、稳定与可靠。系统误差对信度没什么影响,是因为系统误差总是以相同的方式影响测量值,不会造成不一致性。随机误差可能会导致不一致性,从而降低信度。因此,信度可以视为测试结果受随机误差影响的指标。随机误差 R 越大,则信度越差,如果 $R=0$,就认为测量是完全可信的,信度最高。

2. 效度

效度即有效性,是指所测量到的结果反映所要考察内容的程度,测量结果与要考察的内容越吻合,则效度越高;反之,则效度越低。效度分为三种类型:内容效度、准则效度和结构效度。效度是科学的测量工具所必须具备的最重要的条件。在社会测量中,对作为测量工具的问卷或量表的效度要求较高。鉴别效度须明确测量的目的与范围,考虑所要测量的内容并分析其性质与特征,检查测量的内容是否与测量的目的相符,进而判断测量结果是否反映了所要测量的特质的程度。

3. 信度与效度的关系

信度和效度的关系有如下几种类型:一是可信且有效,这种问卷调查结果能准确地反映被调查人员的真实态度,问卷中的题目是和调查目标紧密关联的。若调查结果能真实地反映所调查的对象,测量的误差较小,则说明问卷调查的结果是可信且有效的。二是可信但无效,这种问卷调查结果虽然能准确地反映被调查人员的真实态度,但问卷中题目与调查目的关联程度较弱,与调查的目标不相一致。这种情况表明,虽然调查中所得的结果是可信的,但可能在某些环节上出了差错,例如,问卷中题目的设计使所有被调查人员都出现了理解的偏差,从而出现了系统性的偏差。三是不可信亦无效,在这种情况下,统计调查的结果分布较为分散,是难以从调查问卷中得出有效结果的,这是测量中应避免的类型。

四、绩效分析与评价

绩效是一系列绩效指标数据的集合。绩效分析与评价是绩效管理的一个环节。对绩效进行管理的根本动因在于改进和提升。绩效评价的演化的背景与组织自身的特点及经营目标相关联,也是与市场环境逐步从卖方市场向买方市场的演变相适应的。组织处在不同的生命周期、不同的经营环境、不同的经营战略与目标下,都会有不同的绩效评价方法和绩效评价指标,具有"权变性"。

(一)绩效评价理论及其发展

企业的绩效评价所经历的四个发展阶段,不是相互替代的过程,而是相互包容不断完善的过程,也是绩效评价关注重点的演化过程。

1. 成本绩效评价

19 世纪中叶,西方工业快速发展,促进了商品市场的繁荣。在卖方市场环境下,成本是影响企业发展的关键性因素,采用一些简单的成本业绩评价指标或者将其与标准业绩成本指标比较的方法,比如,简单成本业绩评价指标体系中有每码成本、每磅成本、每台成本等,用标准业绩成本的执行差异来度量业绩水平,是这一时期绩效评价的主要模式。

2. 财务绩效评价

20 世纪初,西方市场逐渐从自由竞争阶段进入垄断竞争阶段,而且由于资本市场的发展及资本所有权与经营权的分享,使企业更加注重财务业绩,从而形成了财务绩效评价模式。企业的核心业务方针是追求盈利的最大化,因此对投资收益率、销售额、现金的流动等方面给予高度关注。这样的评估方法虽然深化了企业的财务绩效评价,但在当今全球化竞争加剧的背景下,也暴露出其固有的不足。许多评价体系过于依赖财务业绩,未能真实地揭示财务和非财务指标之间的联系,这样的评估方式对企业核心竞争力的构建、维持和评估都是不利的。

3.人力资源绩效评价

20 世纪 80 年代后期到 21 世纪初,人力资本创造价值的情形不断发生于世界范围内的各种企业组织之中。决定企业竞争力的核心资产可以是价值形成过程中的任何一种要素,特别是在知识经济时代,人力资本对经营绩效的影响起到关键作用。企业的核心资本由主要体现物质资本和财务资本的财务绩效评价转向关注价值创造,从而开启了人力资源绩效评价模式。

4.战略绩效评价

在当前这个全球化、数字化、网络化越来越盛行的背景之下,产品技术的使用寿命正逐渐缩短,而企业能够迅速地适应市场需求变化则已经变成了发展的关键能力。在许多情况下,被动的市场调整速度并不能确保公司长期稳健地成长,这导致了一个企业既要关心短期表现又要预测未来,从而构建了以策略目标为中心的绩效评估系统。

战略绩效评价基于德鲁克目标管理理论的“目标绩效管理”。他主张以目标为导向、以人为中心、以成果为标准,将目标层层分解,强调通过高层管理者和基层员工共同参与而得出结果。

根据战略规划,按时间维度以及职责分工即可编制出清晰的实施线路(见表 4-1)。

表 4-1　战略规划实施线路

序号	建设项目	建设任务	验收要点	年度建设内容					责任部门
				××年	××年	××年	××年	××年	

(二)常用工具及其应用

1. 盈利指标评价

组织根据面临的形势,制定出一定时期内的总目标,由此决定上、下级的责任和分目标,并把这些目标作为组织、部门和个人绩效产出对组织贡献的标准,最后把实际绩效与绩效标准进行比较,评判和改进绩效的过程或程序。

值得注意的是财务目标在不同领域中的地位有显著差异。那些过去在企业绩效管理中广为使用的绩效评估方式,如教育领域中应用的挑战并非来源于市场竞争模式,而是教育服务所特有的属性。

随着教育市场的发展,民营资本也大量涌入教育市场。当办学资源主要来自民间投资时,则投资要求回报和增值的期望将直接成为学校的目标,没有利润或者利润很低都会使营利性民办学校面临生存危机。因此财务目标作为最重要的维度,是教学质量的重要保障。

2. 关键绩效指标(KPI)评价

关键绩效指标是在组织运行过程中,通过提炼和归纳其关键成功要素,设置、取样、计算、分析组织内部流程的输入端、输出端的关键参数所形成的战术指标,其来源主要是企业的战略目标和重要部门、岗位的工作职责。将企业的战略目标细化为实用的远景和量化指标,能够作为一种有力的方式来强化组织的核心竞争优势。帕累托,一位来自意大利的经济学者,提出了经济学中的二八原则,这意味着在企业价值生成的旅程中,每一个部门或每一名员工的80%的工作表现是通过他们20%的关键操作来实现的。关键绩效指标能通过定义主要事件、确定对企业绩效有影响的核心因素、设置关键事件及其评价标准来实现其既定任务。这些指标有效地对非业务部门进行了具体的绩效评估,进而解决了这一领域的量化考核难题。

然而,组织通常都有多重目标,有些目标是不能相互替代的,也不是所有的指标都能够客观地量化。当一个指标没有足够证据证明其关键性和可量化的价值时,人们更倾向于采用容易量化的指标去处理复杂的问题。再者,当核心指标的评估与利益的分配有着紧密的联系,甚至被作为奖罚的根据,那么指标的数量可能助力于提高客观性。组织的管理者不仅不能依赖主要指标来准确评估组织的运作情况,而且更糟糕的是他们可能会浪费大量的人力、物资和资金,甚至可能伤害许多无辜的人。

3.平衡计分卡(BSC)评价

平衡计分卡克服了只重视财务绩效指标的管理缺陷,在组织核心战略的指引下,从财务、客户、内部流程、学习与成长四个维度进行全面考核和管理,并将企业战略置于组织顶端,顾客维度地位提升而财务维度置后,将企业的远景、使命和发展战略与企业的业绩评价系统联合起来,把企业的使命和战略转变为具体的目标和评测指标,以实现战略和绩效的有机结合。当资本来源不同时,财务、顾客、内部流程、学习与成长四个维度的地位将发生改变。显然,绩效指标的地位不同,绩效指标的权重也有所不同。

第五章 现代职业教育发展的体制机制创新

第一节 职业教育管理体制创新

一、职业院校中教育管理体制存在的问题

教育管理中使用的体制,存在的问题主要表现在以下方面:

(一)管理权限不明确

随着教育事业步入新的发展阶段,传统的工作观念和思维方式也经历了显著的转变。在新公共管理理论的引导下,与职业院校管理有关的外部管理机构开始从主导角色转向辅助角色,并通过优化和完善管理环境,着手构建现代化的教育管理体系。然而,许多相关部门和职业院校在实际操作中并没有完全实施"简政放权、放管结合与优化服务"的策略,很多只是停留在表面,没有真正进行相关的实践活动。这导致职业院校在教育管理上还没有达到完全的自主和独立,其管理策略和制度仍需进一步完善。有些职业院校正处于管理权力的转移过程中,但由于缺乏足够的重视或没有可靠的依据,而导致了"责任、权力和利益"的明确性不足。同时,一些职业院校在执行相关的管理任务时,如确定专业、招生名额、绩效薪酬、学校与企业的合作等,都是按照行业分类或采用某些双层管理和领导方式来处理归属关系。这种做法导致了权责不清晰、工作重叠和管理不当等问题,从而影响了整体的管理效率。

(二)教育资源配置失衡

新公共管理理论与传统的教育管理观念有所不同,它在职业教育管

理中更多地强调了职业院校的核心地位,并始终以学校的利益为工作的核心,确保所有学生都能获得同等的教育资源。然而,许多职业院校在其发展过程中,由于存在资金短缺,因此难以为学生提供充足的教育资源。这导致职业院校在持续发展的道路上遇到了许多障碍,不仅难以确保教学的高质量,还可能导致教师资源的流失,从而使学院的教学陷入一个恶性循环中。此外,与企业不同,职业院校在其经营和发展过程中面临着资金来源相对有限和银行贷款审批流程繁琐的问题,这些问题都可能限制职业院校的办学空间和发展潜力。

(三)封闭环境与社会服务矛盾

职业院校在管理过程中,其相关的制度环境相对封闭,但在办学过程中,职业院校必须确保其教育能够为社会提供服务,这两者之间存在一定的冲突。新公共管理理论与传统的管理观念有所不同,它更倾向于强调教育在社会服务中的作用,特别是在市场导向的背景下,如继续教育、专业规划和社会服务等领域。这要求教育与社会市场紧密结合,加速产教结合和院校与企业的合作,从而更好地服务于地区的经济增长。从目前的社会互动关系来看,职业院校在提供社会服务方面的能力相对较弱。这与经济体制下的相关部门对职业院校的过度保护有关,导致院校与社会之间的关系出现偏差。在专业设置和建设等方面,院校与社会出现偏离,这使得学生毕业后在知识、专业技能和职业修养等方面与产业的需求和转型升级存在不匹配的情况,从而使学生难以满足岗位的需求。

二、职业教育管理体制创新策略

随着十三届全国人大二次会议审议的政府工作报告的提出,各大院校发展迎来了新的契机。现阶段,职业院校在所有高等教育机构中的数量已经超过了一半。但由于其综合能力的局限性、办学规模的扩大和学生数量的持续增长,传统的管理模式已经不能满足实际的教学需求,导致职业院校的工作效率大幅下降,甚至出现了各种问题,这严重地削弱了职业院校的管理能力。为了推动职业教育机构的持续成长,有必要对传统的管理模式进行全面改革,并对职业教育的管理体制进行创新,以便更好地满足职业院校的发展需求。

(一)教育管理体制改革基本原则

在教育管理体制的创新和改革过程中,为确保体制完善后的有效性和其在教育管理中的应用价值,我们应明确在改革过程中应遵循的核心原则,并以此为基础进行创新活动,确保工作的合理进行。在这一变革中,首要的步骤是将权力从行政领域转向学术领域。在职业院校的管理过程中,应该给予学校更多的办学自主权,重新调整内外部关系,解决管理方面的条块分割问题,并明确各个工作岗位的具体职责。同时,校长需将行政和学术权力都集中在院校利益代表的方向。接下来,对职业教育的发展方向进行宏观调整。随着职业院校的管理权重新归属于院校,院校在教育管理上的自主决策权有了明显的增强。为确保管理的合理性,院校应该采用宏观调控策略,为职业院校的管理进步提供方向。最终,教育管理会朝着产业化的方向进展。在职业院校的发展过程中,为了提高其在社会上的知名度和不断增强人才培养的能力,有必要将管理工作与社会需求相结合,并积极推动其向产业化的方向发展。

(二)引入竞争机制

新公共管理的基石是竞争机制,将这种机制融入教育管理不仅可以增强教师的工作激情和积极性,同时也有助于提高教师在管理上的技能和实践经验。因此,在职业院校的教育管理过程中,引入合适的竞争策略是至关重要的,这样可以确保所有相关的内容都能被有效地整合到日常工作中,从而加速管理体系的完善,并推动管理方式的创新与进步。在实施竞争机制的过程中,我们可以从几个关键方面进行思考:首先,实施全员聘用人事的制度,根据岗位人员的实际需求进行公开招聘,并确保在人才选拔过程中严格遵守公平竞争的原则,同时也要加强教师队伍的综合素质。其次,执行有期限的聘任机制,对职位进行限制,这样可以更好地激发教师的工作能力,并提高整体的教学质量。最后,针对教师和教学管理人员,实行优选聘用和竞争性上岗的制度,通过各种竞争手段挑选出具备专业技能、经验丰富的教师和管理人员,以优化教学结构。

(三)制定"企业型"职业院校管理体制

在当前的市场经济结构中,为了提高职业院校的教育质量并推动其持续发展,院校必须与社会企业建立紧密的合作关系。为了确保这种合作的有效性并帮助学生更好地适应社会企业,我们应该建立一个"企业型"的职业院校管理体制,为学生未来更好地融入社会提供坚实的基础。我们应该在现代大学制度的基础上,深入探讨职业院校管理体制改革的逻辑,并对其逻辑模型进行合理的构思。通过推进管办分离和政校分离的方式,可以增强学院在办学方面的自主权,从而建立一个适用于现代教育和管理的现代大学制度。在制定制度的过程中,我们应该从两个维度来思考:首先,推进学院的内部管理制度的改革,确立一个科学的内部管理体系、高效的两级管理策略、职业院校的管理制度框架,并进一步完善其内部治理结构,以促进制度和体制的进一步完善。其次,我们需要加速高等职业教育的管理制度改革。在进行管理体制改革的过程中,我们主要从一个宏观的角度出发,实施了如政校分离、管办分离、学校自主拓展,以及建立校企合作环境等多项措施,以协调政府、院校和社会这三大主体之间的关系,从而为院校管理体制的改革奠定了坚实的基础。

(四)深化体制创新和改革

首先,我们需要对招生流程进行改革。为了适应新时代的教学需求,我们对招生计划进行了一系列的调整。这包括改变之前的指令性招生计划,全面分析不同职业的招生整体规划、劳动群体的素质构成以及产业结构的未来发展等方面。基于这些分析,我们重新调整了招生计划,并赋予学生选择院校和专业的权利,以激发招生市场中院校、专业和学生之间的竞争活力。其次,对高等教育机构的资源进行整合。为了鼓励职业教育机构更加主动地行使其办学自主权,我们应当参考集团化、社会化和市场化的运营模式,实施院校资源的重新整合和配置,突破传统的教学体制束缚,并通过这种重新组合来激发教育的规模效益和整体效益。最终,需要加强对经济保障资金的保障。为了解决职业教育资金短缺的问题,教育相关部门和其他相关机构应当共同商议并解决资金问题,以便为教育的持续发展提供必要的支持。

(五)完善评价与激励机制

新公共管理理论主张"政府应放宽监管,实行绩效目标制度",在这种观点的指导下,相关的政策措施对于提高高等教育机构的管理质量起到了关键的推动作用。然而,在实际的管理实践中,制定的考核制度往往只是走过场,很难真正激发各参与方的积极性。因此,高等教育机构应当构建一个科学的绩效评估体系,并建立合理的管理制度,同时将经纪人制度融入教育和管理人员的日常管理中,以此来激发他们的工作热情并提高工作效率。在进一步完善机制的过程中,一方面,我们可以借鉴目标管理的方法,构建一个以能力和绩效为核心指标的评估体系,并对基础评价机制进行完善。同时,强化对组织和个体绩效目标的控制,并充分利用绩效在绩效评价中对领导和员工的激励作用,加强对他们的引导,使他们能够参与到健康的竞争环境中,从而更好地在高等教育机构中发挥其作用。另一方面,我们应该对激励和约束机制进行创新,实施优胜劣汰的动态管理模式,建立以提高教育质量为目标的激励机制,采用岗位定薪、按劳取酬的分配模式,以充分激发教职工的积极性和主动性。此外,我们还需要打破传统的高校教师职称评定的终身制度,建立多元化的评聘制度,包括不同的等级和层次,以完善优秀人才和骨干队伍的任用机制。

随着我国步入社会发展的新阶段,各个领域都经历了不同程度的变革。在职业教育领域,由于教学方法的改进和发展,传统的管理体制和模式已经不能满足新时代的需求,这导致了管理工作中出现了许多问题,严重妨碍了管理效率的提高。新公共管理理论为基础的创新管理方法的广泛应用,能够满足新时代管理任务的需求。因此,在职业教育领域,我们应该更加重视新公共管理理论的研究,并将其作为职业教育管理的基础。在这个基础上,我们应该创新管理机制,以满足新时代职业教育对管理工作模式的改进需求。

第二节　职业教育运行机制创新

目前,新一波的职业教育改革正在热火朝天地推进中。从一个静态的视角来看,伴随着一系列具有建设性的文件的发布,现代职业教育体系的高级规划已经接近尾声;从一个动态的视角来看,由于不同级别和类型的教育之间存在着严格的壁垒,学习者在现代职业教育体系中依然难以实现自由和有效的教育转型。为了解决现代职业教育体系运作不流畅的问题,有必要对其运行机制进行创新性的探索。更明确地说,这种运行机制涵盖了学分互认、课程连接、证书交换、入学考试、灵活学习和资源共享等多种机制。

加快发展现代职业教育,首先要构建好现代职业教育体系,形成统一的、完整的、逐级的、通畅的、可持续发展的,能够让学生"实习就业有能力、升学有基础"的教育体系。随着《国务院关于加快发展现代职业教育的决定》和《关于深化现代职业教育体系建设改革的意见》的颁布,现代职业教育体系的顶层设计已经基本完成。但是,仅仅在最高层次的设计中构建现代职业教育体系是不足够的,现代职业教育体系的有效性,很大程度上取决于各个运行环节的流畅性。为了实现这一目标,我们必须促进现代职业教育体系中的各个组成部分之间的教育模式的灵活转变,并确保学习者在不同体系中能够顺利地升学、转学和返回学校。从现代职业教育体系的运营角度看,教育的转型主要涉及三个核心领域:职业教育在不同层面的转变、职业教育与传统教育的转型,以及职业教育与人力资源市场的相互转换。当前,教育转型的不顺畅依然是限制现代职业教育体系正常运作的关键问题。为了确保现代职业教育体系能够高效运作,寻找与我国实际情况相匹配的教育转型策略变得尤为紧迫。

一、现代职业教育体系运行不畅的症结

（一）"断头"局面下的艰难衔接

现代的职业教育结构应当是一个创新且完善的体系，在此体系内，职业教育和普通教育应当被视为同等重要，而不仅仅局限于专科教育。简而言之，职业教育和普通教育一样，也应该涵盖本科和研究生两个层次，也就是说，高等职业教育应该包括高等职业专科、应用技术本科和专业学位研究生教育三个部分。尽管如此，我国的职业教育在很长一段时间内都被视为低于常规教育的教育水平，这使得高等职业教育仅能扩展到专科级别。即使在国家大力推进现代职业教育的大背景下，本科职业教育的合法性也依然没有得到普遍的承认。

由于在教育层次上的不足，职业教育体系的内部转型长时间被限制在专科及以下，而在本科及以上层次的教育转型还没有真正形成。现阶段，中等职业教育与应用技术本科的教育转型，以及高等职业专科与应用技术本科的教育转型，都还处于试验阶段，并没有在全国范围内得到有效的推广。此外，尽管我国已经开始指导部分地方性本科学院转型为应用技术本科，并试图利用这一机会推进本科级别的职业教育，但实际的挑战依然存在。特别是在"双一流"大学的建设和推广之后，许多原先专注于应用技术本科的学院开始改变他们的办学策略。

因此，在严格的定义下，职业教育体系内的教育转型主要集中在中等职业教育和高等职业专科教育之间，而在实际操作中，这两者之间的教育转型探索也是最为普遍的。在中等职业教育和高等职业专科教育的转型过程中，最常被讨论的议题依然是它们之间应如何顺利衔接。但是，从目前的实际状况来看，中等职业教育与高等职业专科教育之间的教育连接存在很多问题，例如，课程体系的连接、组织管理的连接、教学方法的连接等。另外，由于缺乏有效的连接机制，中等职业教育和高等职业专科教育之间的教育转换成本也随之增加，这无疑会导致现代职业教育体系运行中的制度损耗。

(二)双轨体制下的尴尬融通

从历史的角度观察,我们可以清楚地看到,职业教育体系与普通教育体系之间的教育转型,在双轨体制的背景下,呈现出了一种尴尬的交融状态。多年来,我国的职业教育体系和普通教育体系似乎是两条平行运行的路径,几乎没有交集。通常,当学生完成初中学业后,他们会进入首次的教育分流阶段,从而步入两个截然不同的教育体系。在传统的教育结构里,课程的内容是根据学科的知识逻辑来组织的,其最终目的是引导学生进入学术领域;在职业教育的整体架构里,课程的内容通常是根据特定的工作目标来组织的,其最终目的是引导学生进入工作模式。由于两个不同的教育体系之间缺少有效的连接和交流,这导致学生在选择了一个教育体系后,即便他们发现自己并不适应该体系,也很难再有机会进入另一个教育体系。尽管有可能实现教育体系的转型,但通常还需要一段相对较长的时间来适应这个完全不熟悉的教育环境。

从教育体系的转型难度来看,从普通教育模式向职业教育模式的过渡相对较为简单,但从职业教育模式向普通教育模式的过渡则显得更为复杂。以普通高中的学生为例,如果他们发现自己在文化课上的表现不尽如人意,哪怕他们的技能并不特别出色,他们也更有可能选择进入中等职业学校学习。鉴于普通高考的题目制定是基于普通教育的评估标准,因此,尽管普通高中的学生可能无法进入普通本科学校,但他们通常有机会以相对较低的分数进入高等职业院校进行学习。尽管从传统的教育模式向职业教育模式的过渡相对简单,但很少有学生会主动提出要完成这种教育模式的转型。相比之下,即便是在中等职业学校中文化课表现出色的学生,也很难有机会转学到普通高中,是因为大部分普通高中对中等职业学校的教学质量缺乏基本的认可。因为普通高考的出题模式,那些原本就不太擅长文化课的中等职业学校的学生,也面临着难以进入普通本科学校的问题。

(三)单向输出下的挣扎"回炉"

在职业教育体系与人力资源市场的教育转型过程中,单向输出下的挣扎"回炉"成为主要的表现形式。单向输出下的挣扎"回炉"指的是从职业教育体系向人力资源市场的教育转变相对简单,但想要再次从人力资源市场返回到职业教育体系中接受职业继续教育却更为困难。也就是说,从学校体系的职前教育向工作体系的职后教育的转变相对流畅,但如果反过来,可能会遇到许多挑战。从双向转换的流畅性来看,这与我们之前讨论的职业教育体系与普通教育体系之间的转换有相似之处,即从一方到另一方的转换更为流畅,但如果不是这样,情况就会有所不同。这一现象揭示了,在教育转换过程中,转换双方在参与和完成教育转型方面的积极性和主动性有着显著的不同。

职业教育的核心办学理念是以就业为中心,而为经济和社会的进步培训所需的技术和技能人员,始终是职业教育的首要任务。职业教育培训出的人才是否能够成功地找到工作,这也是评估其教育水平高低的核心标准。根据统计资料可知,大部分职业院校的毕业生在完成学业后都有机会获得工作,从而顺利地从职业教育模式过渡到人力资源市场。这样的教育转型之所以容易实现,一个关键因素是,我国还没有形成一个健全的市场经济结构和有效的就业准入机制。在特定的职业领域中,只有当学生同时拥有职业学校的学历证书和职业资格证书时,他们才有资格获得特定的职位。在许多行业中,仅凭职业学校的学历证书,学生便有机会找到工作。相对而言,从人力资源市场向职业教育体系的转型过程要复杂得多,想要从工作模式迁移到学校模式是充满挑战的。在以学校为中心的职业教育结构中,我国的职业学校主要针对的是合适年龄的青少年进行招生。受到年龄、学习时长和学习地点等多方面的制约,那些已经步入人力资源市场的劳动者,很难有机会重新融入职业教育体系并继续接受职业教育,同时,能够成功获得学历证书的人也相对较少。大学生经历职业教育的"回炉"过程,曾一度成为社会的关注中心,但也遭到了许多的质疑。然而,教育实践已经证明,那些从"大学生技师班"毕业的学生,一旦毕业便迅速成为就业市场上的热门选择。这段"回炉"式的学习经历有助于他们在人力资源市场中找到更优质的职位。

那么，在职业教育体系与人力资源市场的转型过程中，核心问题到底是什么呢？事实上，我国的学校体制与其工作体制之间的长时间隔离正是问题的核心所在。从外观上观察，职业院校的就业成功率相当高，绝大部分学生都能成功地从学校管理模式转向工作模式。但是，从目前的实际状况来看，企业对于职业院校的毕业生并没有给予太高的评价。职业院校对"从学校到工作（STW）"这一转变过程中的关注显然是不够的，这导致了产教分离的问题变得非常严重，学生在职业院校获得的技术技能与企业的实际需求存在很大的差距。此外，受到体制障碍的影响，学校的职业教育体系对人力资源市场的开放程度尚未达到很高的水平，主要还是停留在职业院校向人力资源市场的单向人才输出层面，缺乏更高层次的双向交流和流动。

二、促进现代职业教育体系运行的机制创新

为实现各级各类教育之间有效的教育转换，必然需要构建一个完整的现代职业教育体系运行机制。这一整体运行机制包含六个子机制，即学分互认机制、课程衔接机制、证书互换机制、招生考试机制、弹性学习机制、资源整合机制。各个机制组成一个有机整体，将学校体系与工作体系联系起来，也将职业教育体系与普通教育体系、继续教育体系联系起来，从而打通学习者在现代职业教育体系之中升学、转学与返回学校的渠道。

（一）学分互认机制

为了确保现代职业教育体系能够高效运作，首要任务是构建一个学分互认的机制。学分对于激发学习者在不同级别和类型的教育中进行转换起到了至关重要的作用。之所以如此，是因为学分成为衡量学习者是否继续升学、转学或返回学校的关键因素。只有当学习者的学分达到一定水平，满足了基础"学力"的要求，他们才有资格继续升学、转学或返回学校。建立这种机制的基础是学分制在我国得到了广泛的实施。学分制是一种以学分为基础来管理课程的教学管理制度，其中学习者的学习量是按照学分来计算的。学习者可以根据自己的需求选择课程、学习时间

和方式,并自行制订学习计划,最终的修业标准是学习者达到规定的最低学分。因此,有必要逐步促进学年学分制向全面学分制的转型。站在教育转型的宏观视角,我们可以考虑在我国创立一个学分银行。学分银行是一种教学管理制度或模式,它模拟或模仿了银行的操作方式,允许学习者根据自己的独特性质和需求来规划他们的学习时间、地点、内容和方法。学分银行所承认的不只是在正规教育系统中所获得的学分,还涵盖了在非正规或非正式教育环境中所累积的先前的学术成就。学分银行的操作主要涵盖了三大部分:学分的累积、学分之间的互相认可以及学分的兑换过程。学分互认依然是核心环节,如果不能达到有效的学分互认,那么学分的累积将变得毫无意义,并且学分的兑换也将无法顺利完成。为了确保学分互认机制的高效运作,我们还须建立一个涵盖现代职业教育各个部分的学分互认联盟,并设立一个专门负责学分互认的管理委员会。只有当学习者按照学分互认的标准、协议和流程进行操作时,他们才能在不同级别和类型的教育中实现有效的知识转换。

(二)课程衔接机制

在不同级别和类型的教育体系中,有效地进行教育转型是离不开建立课程衔接机制的。这样做的原因是,通过课程之间的无缝衔接,能够有效地防止教育转型过程中的"硬着陆"现象,进而促成不同级别和类型教育之间的无缝或自然转变。现代的职业教育结构在很长一段时间内实际上是分离的。从横向的视角来看,这种教育体系的分离主要体现在职业教育体系与普通教育体系之间,以及职业教育体系与人力资源市场之间的分离。从纵向的视角来看,职业教育体系内各个教育级别之间的隔离现象是这种分离状态的具体表现。由于教育体系的分离状态,现代职业教育的运作受到了阻碍,导致学习者在不同级别和类型的教育中难以自由切换。事实上,不同体系间的隔离并不仅仅是在概念或框架上,更多的是在课程的层面上。仅当课程层面的连接得以实现,才能真正达到衔接的目的,因此,课程衔接体制构成了现代职业教育体系建设的核心要素。为了解决上面提到的问题,建立一个高效的课程衔接机制是不可或缺的。

在职业教育体系中,课程之间的衔接主要表现为中等职业与高等职业专科、应用技术本科之间的衔接。这样的课程衔接不仅需要在学院和大学层面实现垂直衔接,更为关键的是,迫切需要通过制定国家级的专业教学标准来实现在体系层面的无缝对接。为了实现这一目标,我们需要对各个层次的专业进行统一的规划,并对传统的三段式课程进行改革。我们还需要开发更符合能力本位要求的项目课程,并按照从简单到复杂、从单一到综合的能力序列来进行课程的衔接。在职业教育体系与普通教育体系的课程衔接中,由于两者在知识和技能体系上存在根本性的差异,因此可以通过课程嵌入的方法来实现。具体来说,在普通教育体系内适当地增加与职业教育相关的选修课程,并在职业教育体系内加强对普通文化课程的学习,也就是人们常说的"普通教育的职业化、职业教育的普通化"。职业教育体系与人力资源市场的课程衔接主要表现为专业教学标准与职业标准的融合,同时,还需要进一步推动专业设置和专业课程内容与职业标准的衔接。

(三)证书互换机制

教育部与其他五个部门共同发布的《现代职业教育体系建设规划(2014—2020年)》明确指出,需要完善学历学位证书和资格证书"双证书"制度,逐步实现职业教育学历学位证书体系、专业学位研究生教育与职业资格证书体系的有机衔接,探索建立各级职业教育与普通教育相衔接的制度。事实上,这项规划强调了在现代职业教育结构中确立一个高效的证书交换机制的必要性。在普通教育领域,学习者的主要目标是获得学历证书和学位证书;在职业教育领域,他们的主要目标是获得学历证书和职业资格证书;而在继续教育领域,他们的主要目标是获得职业资格证书。因此,不同证书间的互相承认和转化能够有效地消除职业教育、普通教育和继续教育三者之间存在的隔阂。为了推动学习者在不同级别和类型的教育体系中进行有效的教育转型,有必要构建一个全面而健全的证书交换机制。这一证书交换机制强调了学历证书、学位证书和职业资格证书的整合认证,这使得该机制不仅适用于职业教育体系内部不同教育层次之间的转换,也适用于职业教育体系与普通教育体系、继续教育体系之间的转换。为了实现这一目标,有必要构建一个流畅和便捷的证书认证通道,并优化证书交换的全套流程。在当前阶段,鉴于我国还没有形成一个统一且完善的国家资格体系,因此,一个相对切实可行的策略是进一步优化职业教育学历证书与职业资格证书的交换机制。在适当的时机到来时,我们应逐渐在现代职业教育体系中实施不同证书间的交换策略。

(四)招生考试机制

我国的招生考试制度存在缺陷,这严重限制了学生在不同级别和类型的教育中进行教育的转型。具体而言,在职业教育体系内,能够通过招生考试顺利从中等职业教育过渡到高等职业教育的学生所占的比例相当低;在职业教育和普通教育两个体系之间,目前的招生考试制度并不有利于学生顺利地从职业教育过渡到普通教育;在职业教育和继续教育两大体系中,一旦学生进入人力资源领域,他们很难再通过招生考试的方式重新融入职业教育体系并继续接受职业教育。为了改善当前的状况,有必要对我国的招生考试制度进行进一步的优化。为了解决中等职业教育学生在基础学力方面的不足,我们可以为他们提供文化素质的补习机会。一旦这些学生通过补习教育满足了学力的要求,他们就有资格完成向更高层次的职业教育或普通教育的转型。为了建立一个有效的招生考试机制,高考制度的改革是不可或缺的。我们必须寻找和建立一个更有利于评估职业教育学生技能素质的独立高考制度,并采用"知识+技能"的评估方法。招生考试制度改革的核心问题仍然是如何确保学生的自主权和选择权得到真正的执行。为了满足这一需求,我们需要探索更加多样化的招生考试制度,并进一步完善如单独招生、自主招生和技能人才免试等考试方式。特别是,我们应该增加高职院校招收中职毕业生和本科院校招收职业院校毕业生的比例,并逐渐增加中高职业院校招收具有实践经验的一线劳动者的比例。此外,为了给学习者带来更多的学习机遇,我们需要适度降低他们的入学标准。在条件允许的区域内,有可能实施注册和入学的制度。为了确保教育的高质量,我们必须严格执行"宽进严出"

的教育方针。简言之,为了协助学习者在不同级别和类型的教育体系中自由切换,有必要构建一个更为多样化和开放的招生考试制度。

(五)弹性学习机制

建立起灵活的弹性学习机制,不仅是促进现代教育体系有效运行的必然要求,而且是对终身教育理念的深入贯彻。终身学习的理念强调了,学生只要在任何时刻和地点有学习需求,就能接受到令人满意的教育成果。在此教学模式下,学生经常被严格地限定在某一地点和固定时间进行学习,这无疑给不同教育层次之间的切换带来了巨大的困难。此外,这一僵化的学年模式对于院校与企业的协同合作产生了不小的困扰。考虑到职业教育制度下学生主要的学习场所依旧是职业院校,而我国和西方国家相比,学生前往企业的实习时间较为匮乏,这在某种程度上制约了院校和企业之间合作的深入进行,导致学生在教育体系和工作体系之间难以实现真正自由的教育切换。另外,在人力资源市场里,对于学习者而言,由于除了学习外还需要在工作上持续参与,太过严苛的学习制度有可能导致他们对职业院校产生疑虑,从而难以顺利完成从一个职场结构向学校模式的转型。在现代职业教育体系的框架内,职业院校和普通学校间的协同合作逐渐显现为一个发展方向。为实现人才的共同培养并顺利实现多次教育转换,我们有必要深化学年制的改革,同时寻找灵活的学习策略,并推动多样化的学制的发展。值得进一步强调的是,我们国家确实施行了严格的学籍管理制度,这为教育管理带来了不少便捷,但这同样在某种程度上限制了学生自由地学习。出于对教育稳定性的维护考虑,我们建议在学校教育体系内不应过度采纳多重学籍制度;而在某些范围内,弹性学籍制度是可行的,这将更有助于社会成员返校,享受职业继续教育的便利。

(六)资源共享机制

在教育转换过程中,由于不同的转换机构一般存在教育类型或层次的差异,所以在所拥有的资源禀赋或资源优势方面也可能存在一定的差异。在教育界,这种资源具体的表现形式主要体现在师资力量、实际操作的培训设施、在线平台以及图书馆等多个方面。为了真正解决前面提到的问题并促进学生在不同层次和类型的教育体系中进行有效的转变,我们必须构建一个全方位的资源共享策略。详细地说,在职业教育领域的内部构架里,各个不同层次的职业院校在资源配置方面表现出明显的不均衡。通常,高等职业教育学院在资源配置上超过了中等职业学校,特别是在教师队伍和实际训练地点这些方面表现最为出色。为了协助学生顺利完成从中等职业教育向高等职业专科的过渡,高等职业教育学院有权派遣卓越的教师前往与其合作的中等职业学校进行指导,或是可以提供一些先进的实训设施供中等职业学校的学生们进行学习和实践。在职业教育和普通教育两种模式中,因各自追求的教育目标有所不同,资源上的优势因此表现出显著的不同。例如,当前受到关注的普通高中与中等职业学校进行的"学籍互转、学分互认"试点项目能否得以有效实施,将依赖于双方资源共享的高度效率。在这次的试验阶段,构建两者之间的资源共享体系是非常关键的。这样做的理由是,构建资源共享的系统有助于让双方都能在优势上互相补足,达到合作的共赢局面。普通的高中有权向中等职业学校派遣杰出的教师来指导学生;此外,他们还可以为这类学生提供如图书馆这样的资源;中等职业教育机构还可以选派专业课程的教育工作者来协助普通高中实施技术课程,并为普通高中的学生设立实践与训练中心,以方便他们进行综合实践和通用技术的教学。除此之外,职业教育机构也可以与人力资源市场的公司建立共学资源的合作模式。双方能够合作,在教师资源、培训机会、教学场地及实习环境等多个方面共享资源,进而方便学生和前线劳动者在学校体系与职场体系之间转换。

第三节　职业教育保障机制创新

构建职业教育保障机制是促进职业教育可持续发展的重要基础。职业教育保障机制创新的重点主要包括建立教师队伍机制、教育质量保障机制、教育经费投入保障机制三个方面。

一、建立教师队伍机制

高水平的职业教育师资队伍是高质量教育水平的有力保障。至今，我国教育部已经发布了《中等职业学校教师专业标准（试行）》并依据《国家中长期教育改革与发展规划纲要（2010-2020年）》的规定。同时，严格控制"双师型"教师的招聘门槛，以确保具备高教育教学水平和专业技术能力的人才能顺利地进入职业教育机构从事教学工作。要想构建高质量的职业教育师资，我们首先需要从基础阶段开始，这包括建立完善的教育培训体系和制定严格的教师资质标准。此外，还必须迅速加强教学团队的发展，聘请一系列在行业有深远影响的专家作为领军人物，同时聘请企业的专业人才和技艺高超的人士兼职教学。这样，专业建设就能够紧密跟随产业进步，学生的实际操作能力培训也能满足职业岗位的需求。

（一）建立职业教育专业教师准入机制

职业教育是培养经济发展所需要的各类专业技术人才的主要机构，在经济建设中扮演着越来越重要的角色。与传统的学历教育不同，职业教育更为重视在教育中对实施实务上的指导，作为职业教育中教学方案的核心团队成员，职业教育专业教师也应拥有出色的实践专业能力。

然而，当前，我国的职业教育仍然面临许多挑战，例如一些学生的工作能力不佳，难以满足实际工作的需求。绝大多数教师因为缺乏实际经验，导致其在教学技能和实际操作技巧方面还需要进一步加强。

在过去的几年中，我国各级政府已经采用了多种方法来加强职业教育教师队伍的建设，并在全国范围内陆续成立了多个职业教育专业教师培训基地以及专业技能培训示范单位。这些举措为各种职业教育专业教师提供了岗前培训、职位提升以及高级研修等一系列培养项目，从而逐渐形成了一个完善的职业教育师资培训体系框架。在我们的调研实践中，课题组发现即使许多地方非常注重职业教育教师的培养和培训，职业教育专业教师培训的具体标准、内容和方式仍然需要进一步地优化和完善。于是，我们有必要对职业教育专业教师的培养和培训体系进行优化，并构建相应的职业教育专业教师资格准入机制。

首先是制定职业院校教师资格标准,建立符合职业教育特点的教师培养、培训体系。职业教育学院必须对其教师培训体系做出重要调整,创新教育方式,根据职业教育专业教师所应拥有的技能,逐步培育他们的专业学识、实际操作和教学方法。另外,国家应该根据职业教育的独特性,努力进一步优化目前的教师资格认证制度,并科学定义教师资格的认证条件,以便更好地体现职业教育专业教师的独特性质。

其次是建立职业教育教师评聘的合理机制,改革专业教师聘用制度,拓宽行业企业技术技能人才进入职业教育的渠道,建立相关标准制度。职业院校应当确定关于兼职教师的相关事宜和管理手段,并确立对于兼职教师的科学且合适的工作数量评价和薪酬补贴机制,旨在吸引更多杰出的行业专家。我们聘请了业内的资深专家作为客座教授和本校的专职教师进行合作授课。这不只是让学生更加深入地了解企事业单位的运营情况,还可以通过与资深专家的深入对话,增进他们对业界的深入了解,并掌握行业的当前动态和预测未来发展动态,从而提高学生在实际工作中的能力。将全职和兼职的职业教育师资相结合,有效地克服了因专业转型所带来的职业教育教师队伍的短缺问题,使之变得更加理想。专职和兼职的职业教育教职人员,由于他们各自的长处与短板,能够相互借鉴与交流,从而促进职业教育师资队伍在整体方面的发展。

最后是严格建立职业教育专业教师准入机制。职业院校已经明确制定了对教师的资格要求,要求教师不仅要具有相关领域的经验和专业学历,还要对企业的生产流程有深入的了解。在相关的职业院校中,当招聘教师时,应聘人士应确保他们拥有代表其专业技能和技术水平的专业资格证件或技术等级认证,这将是他们求职的关键条件之一。

(二)制定并完善"双师型"教师职务标准

"双师型"教师政策是国家在特定阶段解决职业教育技能型教师短缺问题而制订的方案,其宗旨在于优化教师队伍素质结构,提升职业教育质量。1995年,原国家教委发出的《关于建设示范性职业大学工作的通知》

首次采用了"双师型"来进行描述。专业的教师和实习指导课教师具有一定的专业实践能力，其中 1/3 以上的达到"双师型"教师，随着社会经济的不断进步和对职业教育的更高期望，高等教育机构越发迫切地需要"双师型"的教师来担任这一职务。

在《现代职业教育体系建设规划（2014-2020 年）》里，进一步强调了国家在建设"双师型"教师队伍方面的支持力度。到 2020 年，有实践经验的专兼职教师占专业教师总数的比例超过 60%，同时，该规划还提出了建立职业院校教师编制的动态调整机制。这表明，对于"双师型"教师的培养标准由仅限于教师个人能力转向了更加合理地构建整个职业院校的教师队伍。因此，职业院校应当享有更高的自主权，并积极从业内监管机构和企业方面招聘高质量的兼职教师，以优化和改进职业院校的教师结构。因此，应该明确并建立"双师型"教师的职责和职责标准，以完善和优化"双师型"教师的培养机制和方法。

第一，制定"双师型"教师职务和岗位标准，改革教师管理制度。政府应该确定并规定"双师型"教育工作者的合格性和评估的核心准则。对于处于不同学历层次和专业领域的"双师型"教师，应制定各种不同的标准和要求，包括教育背景、实际的专业工作经验、实践技能和应用方法或者培养标准，以确保职业教育中教师的专业水平和教育的整体质量。我们正在推进职业院校教师与企业的工程技术和高技能人才建立双向招募的策略，进一步完善"双师型"教学评估的标准与体系，提升"双师型"教师的岗位薪酬，并鼓励专业教育者主动参与到"双师型"教育工作中。如此一来，我们不仅可以在考试制度等领域获得更多的改进，更可以确保人才的发展路径畅通无阻，同时，我们也能得到优质的教育人员的支持，有望在不久的将来结束职业教育目前的"断头路"困境。接下来，我们要着手改革教师的管理体系，为职业教育紧急需要的专业教师提供一个"绿色入口"。这包括实施"政府制定、自我雇佣、灵活管理"的管理手段，以及从高等教育机构中引进优秀的毕业生，吸引技术骨干和技艺高超的行业人士，以便让他们在职业学校教学。

第二,建立"双师型"教师培养的校企合作伙伴关系,完善"双师型"教师培养机制。政府、职业院校和企业三个部门应共同协作,培育出"双师型"的教师,并形成一种契约式的合作模式,实现共同发展与双赢。首先,政府需要明确参与职业教育的企业资格和标准,并挑选出符合此要求的企业;此外,也需要公布相关的法律政策和实际操作措施,确保这些企业明确承担培训教师的责任,为其提供各种补助政策,以此推动企业参与合作培训的进程。其次,职业院校与企业之间的合作关系应更为紧密。企业为职业院校的教师提供了培训的机会,而职业院校则为企业的员工进行了相应的培养。通过探索和完善职业院校与企业在专业教师培养方面的新型模式,可以加强两者之间的合作关系,并实现两者的优势互补和共同发展。

(三)构建教师评价制度

对职业教育教师进行评价是一项十分严肃与慎重的工作,直接涉及广大教师的切身利益,影响到教师积极性与创造性的发挥。对教师进行科学和准确的评估,是对他们在工作中的价值、贡献、才能和综合素质的广泛认可,这不仅有助于强化团队的凝聚力,激活学校的活力,降低潜在冲突,还能保障学校的持续稳健发展,并进一步激发教师在教学中的积极参与,从而推动职业教育水平的进一步提升。

职业教育的特点是更加注重实际的技能与工作能力的培育,这使得其评估标准与普通教育有所区别。因此,应当重新审视并调整目前教师的评价准则,以打造一个更加贴近职业教育特质的教师评价体系。

教师的评估内容首先需要具有具体的目标,并且要强调职业教育所具备的独特性。职业教育在培养人才时,必须强调其所处的行业特性、专业方向以及实际应用价值。在教师的评估准则中,实际操作的教学特点需要特别强调,因为职业院校的首要目标在于传授学生实用的、足够的理论和实践能力。只有在全方位、精确和发展性地评估高职教师之后,我们才能够激发他们的职业热忱,从而提升整体的课程教学品质。接下来要明白,我们不应当仅仅基于教师的评价结果来得出结论,而是应该运用一个发展的视角来审视教师的授课能力。除了评估教师以前的工作表现和他们所具备的素质,评价制度更应该致力于指引教师未来的方向,并着重提升教师在教学上的水平。

为了适应行业和产业经济的发展需求,我们需要改革当前的教师评价标准,加强对教师实践教学能力的评估,以促进教师职业能力素质的提升,并不断吸纳新的专业技术知识,从而提高教学质量。接下来,通过对现有教师评价标准的改革,我们鼓励教师更加主动地参与学校与企业之间的合作,并激励学校中的学术型教师为企业提供技术支持,以解决企业面临的技术难题。要构建一个学校教师与企业专业技术人员之间的合作平台,以促进双方的合作和交流,共同解决技术问题,并提高科研成果转化的效率。

二、建立教育质量保障机制

《国家中长期教育改革和发展规划纲要(2010-2020 年)》将提高质量作为教育改革发展的核心任务,制定教育质量国家标准,建立健全教育质量保障体系。在职业教育的质量保证中,课程是最关键的部分,这主要体现在课程的内容以及教学的品质上。全球的发达国家都已经构建了一个由政府、行业和学校共同认可的,以职业技能培训为中心的职业教育标准体系。目前,我国尚未建立一个真正属于实践操作层面的职业教育质量保障机制。因此,围绕课程内容和教学质量的保障,建立相应的机制,加强职业教育与行业、产业的联系,以培养能够主动适应区域经济社会发展需求,数量充足、结构合理的高素质技术、技能型人才,具有极其重要的意义。

(一)改革专业课程体系

课程质量是职业院校教学质量的核心,也是衡量职业院校办学质量和市场应变能力的主要指标。在设计职业教育的专业课程时,最关键的问题是如何紧密地将课程内容与产业界的职业需求和岗位标准结合起来,加强与行业的紧密合作,将掌握知识和技能、发展能力、培养良好的职业道德和个性心理品质等多方面的目标有机地整合在一起,从而为行业提供高素质的劳动者。

在当前的国内职业教育课程设计中,政府仍然扮演着核心角色,而企业在职业教育领域的贡献相对有限。企业与学校的合作方式并没有一个持久的机制,这限制了企业在学校课程设计和开发中的参与,导致学校职业教育的课程内容与市场的实际需求不匹配。

因此,为了确保职业教育课程的高质量,有必要建立一个由多个利益相关方组成的国家职业教育课程标准委员会,并为企业提供一个参与学校课程开发的平台,从而对职业教育的专业课程体系进行改革。

委员会成员的组成应强调企业在职业教育中的话语权。除了来自政府相关部门的代表(例如教育部、工业和信息化部、水利部、农业农村部、科学技术部等)和学校的代表外,还应包括具有职业教育资格的企业代表。其中,行业和企业代表的总人数应超过 1/2。无论是行业内的专家还是企业的代表,他们都应该在相关领域具有丰富实践经验、深厚的专业技能和理论基础。他们有能力帮助政府提供最新的岗位技能需求和近期的就业信息,并为学校培训机构提供课程设计和教学方案的指导。

委员会的成员之间相互合作,从而加强职业教育与外部经济界的联系。各个企业的代表对于他们所在行业的员工素质有着最为深入和具体的认识,他们是评估技能需求的最佳标准。因此,他们负责制定职业教育的技能标准和培训计划,将为学校的课程设计、开发和更新提供关键的参考依据。在确定具体的课程标准时,学校代表需要考虑这些技能领域,并根据企业代表的意见和建议,将其纳入课程计划,并得到委员会成员的认可。另外,职业教育的技能标准的确定是一个随着产业结构调整和技术升级而不断更新和再评估的螺旋上升过程。企业代表需要及时更新技能标准的要求,这样学校可以根据这些要求在教学实践中调整或增加课程内容、设置新的课程和新的项目,从而使职业教育的课程更加适应当前和未来企业行业的发展需求。政府各部门的代表负责统筹和组织,对课程标准进行最终的审核和认证,并且提供各种服务支持,包括对国际先进课程的评估和引进,以及对职业教育优质课程和教材的信息化资源实施国家购买制度。

通过国家职业教育课程标准委员会的介入,教育领域与企业之间的合作能够形成一个正向的循环。这样,企业可以直接参与到课程设计和教学内容的确定中,确保课程内容与产业界的职业需求和岗位标准紧密相连,从而使求职者在接受培训后,能够主动适应劳动力市场的变化和需求。

(二)推行职业资格认证与专业学历教育相结合的制度

目前我国职业教育证书体系包括学历证书与职业资格证书两种类型,学历证书由教育部负责,职业资格证书由人力资源和社会保障部等部门颁发。职业学历教育和职业资格认证分别归属于职业院校和劳动部门,由于管理体制的不同,这两种证书教育形成了各自独立的教育体系,难以实现协同发展。特别是当考核标准有两种时,不仅给学生带来了一定程度的学习压力,还可能导致学历职业教育与职业资格证书教育以及劳动就业培训之间的衔接不畅,不仅妨碍了普通教育与职业教育之间的有效沟通,也不利于高技能人才的培养。

职业资格证书制度是国家劳动就业的一项重要制度,是国家层面的人力资源开发体系的重要支柱,它适应了受教育者的需要,搭建了技能人才的成长通道,促进了职业教育的发展,还起到了检验职业教育培训质量的作用。职业资格,与传统的专业教育形式截然不同,它不仅是多技能的综合展现,而且与职业职位的具体标准紧密结合,使得其能够直观且精确地展现特定工作领域的技术要求和操作标准。两套系统各具特色且各自独立,均不能独立肩负起培训技术型人员的责任。因此必须在这两套体系间寻找高效的沟通途径与运作机制,构建一个能使专业学位教育与职业资格培养互相连接的综合教育模式,并充分融合两者各自的优势,以便对职业教育和培训体系进行创新和改革。

因此,应当推行职业资格认证与专业学历教育相结合的制度,构建双证融通的课程体系。把职业教育与对应的证书培训相结合,将职业资格证书和学历证书的内容进行融合,不仅为培养具有高技能知识和职业资格的人才,还确保了职业教育能够更好地凸显学历和职业的双重特性。在具体执行时,可以根据国家标准所规定的专业方向,以这些标准作为制订教学方案的主要参考,将国家职业技能评定纳入专业课程设计,进而推出"双证制"教学方案。"双证制"课程的教学优势体现在它能加强院校与企业间的沟通和互动,企业直接提供生产、技术和需求信息。院校可以根据这些信息和实际情况调整其专业和课程结构,确保与职业教育大纲相吻合,同时也包括职业技能培训的内容和标准。这种教学模式还能确保学历教育与职业标准的顺利结合,平衡理论与实际教学,为满足就业市场对合格人才的需求提供多样化的教学方案。从而,真正做到以职业资格标准为导向,制度与职业资格标准相衔接的教学方案,培养适应社会发展和市场需求相应的人才,整合和优化教育资源配置。

中等职业学校和高等职业学校应当进一步加强与国家职业资格认证管理组织,以及行业和企业的合作关系。他们应当在这些机构的相关单位中发挥积极角色,联手研发专业课程教育和职业资格认证的标准,进行教学内容的改革,并将这些"职业标准"与"课程标准"紧密结合,同时,将职业资格培训融入专业课程教学之中。我们始终坚持实施"双证或多证"的学生毕业标准,并正在积极探索建立"职业技能标准学分"与"学校专业课程学分"互相认可和沟通新方法。

(三)建立职业培训质量的保障机制

职业培训作为职业教育体系的核心组成部分,是为了提升全体劳动人口的职业技能和职业修养,负责提供包括农村劳动力流动、农村实用技能人员培养、城市劳动者工作以及再就业培训在内的多种职业技能与技能培训。为满足市场对不同职业培训方面的需求,这样的多样化培训方式有助于构建结构合适、种类繁多、相互连接并且功能齐全的职业教育培训框架,同时也是人才成长的"立交桥"。

目前,国内的职业培训尚不发达,主要是由政府主导的职业学校进行,缺乏社会培训机构的身影,且存在诸多的困难。我国的企业在参与职业教育及对在职员工培训的热情上还未被完全激发出来。这种情况与我们所在的市场状况和当前的经济增长阶段有着紧密的联系。首先,我国的市场经济框架尚未完全发展完备,资源的分布还未能被市场完全决定,这导致了刺激企业投资于职业教育的驱动力大大减少。其次,我国的企业,特别是国有领域,现有的评估机制往往偏向短视行为,这不仅影响企业对人力资源长远考虑的能力,而且妨碍企业之间的有效合作。尽管我国的企业制度已承担了一些职业培训的责任,但其相应的支持措施仍未完全完善,这在一定程度上反映了企业在人才培养中的社会责任未得到充分体现。

因此,应当开放培训市场,建立职业教育培训机构资质标准、从业人员资格和培训机构办学质量等规范。

首先是制定职业教育培训机构资质标准和从业人员资格标准,用以规范和约束职业教育机构的注册和运行。这些要求可能涵盖对职业教育法规的遵守,财务管理和行政制度的管理准则,以及对从业人员的学历和职业认证的重视,还有定期的技能评估等方面。此外,为了确保培训机构教学质量,应严格规范培训内容的专业准则。只有培训实体达到了这些建议的准则,它们才能得到承认并开展培训活动。

其次是对培训机构办学质量进行评估。当培训机构首次提交注册申请时,它们必须接受对办学条件与资格的详尽评估,而对于已经经营超过一年的学校,每年都须进行一次自身的评估,五年后则须进行一次办学质量的水平评价。这一评定的具体内容将由政府的相关部门来决定。这样的评估可以是全面的,也可以是部分检查(包括某种专业领域或特定类别的资格证书)或是通过核查培训机构提交的书面材料来完成的。通过对办学质量的评估分析,政府有关部门拥有决策权,来确定这些培训机构是否可以继续注册和运营。

我们应该通过扩大社会职业培训中心的数量,对职业技能培训和鉴定机构进行规范化,并构建健全的培训质量保障制度,以便为公众提供多种形式、高质量的职业技能课程,满足不同社会劳动世界的多样需求,从而提升公众的劳动技能,并为社会培养出高素质的专业人才。

(四)加强教育专项督导评估

职业教育质量直接关系到劳动力的综合职业素质的提高和国际竞争力的增强,构建一个科学且高效的教育监督评估机制,对于确保职业教育的高质量和培育经济增长所需的技术和技能人才具有至关重要的影响。职业教育与传统教育存在显著的差异,尤其是在市场意识方面更为突出。因此,在职业教育的监督工作中,应更加重视企业的评估作用,以确保职业教育更好地适应市场需求和反映市场动态。

在国内,职业教育的督导工作仍处于初级阶段,并面临着多种挑战,例如职业教育督导的组织结构并不完善,且缺少足够的独立性;职业教育的督导任务内容显得有些偏颇;职业教育的督导团队构成存在不合理之处。然而,国内对于职业教育督导工作的关注程度正在逐渐加强。2012年,教育部发布了《中等职业教育督导评估办法》,其中明确指出了中等职业教育督导评估的内容和程序等方面。在2014年发布的《国务院关于加快发展现代职业教育的决定》中,明确强调了加强职业教育的督导评估工作,以进一步加强职业教育的督导评估机制。

因此,建议在国家级别建立专门的监督机构,进一步完善职业教育的质量评价体系,并定期对职业院校的办学质量和专业教学状况进行评估,同时实行职业教育质量的年度报告制度。这个教育监督机构应该是一个完全独立的专业评估实体,以确保评估过程更为客观和公正,同时评估出的结果也应具有较高的权威性和影响力。

企业代表需要制定明确的评估标准和指标,并且每年都要对职业学校的人才培养质量进行定期的评估,以确保专业设置和课程开发都能保证质量,符合行业的需求。此外,还需要定期调查行业雇主对职业教育和培训的满意度,并提供对职业院校教育教学的看法和建议。他们也要对职业院校的教学品质进行评估,并采用职业教育专项监督的"一票否决"策略。通过运用职业教育专项督导作为提升职业教育教学质量的科学管理工具,我们可以督促政府和教育行政部门更好地履行其职责,转变其职能,并确保每一所职业院校的优质运营;推动职业院校遵循和执行与职业教育相关的各项方针、政策和法律法规,遵从职业教育的基本规律,进一步深化教育和教学的改革,以确保职业教育在培养人才方面与普通教育具有同等的重要性。

三、经费投入保障机制

《国家中长期教育改革和发展规划纲要(2010-2020 年)》要求"完善投入机制。各地根据国家办学条件基本标准和教育教学基本需要,制定并逐步提高区域内各级学校学生人均经费基本标准和学生人均财政拨款基本标准";明确"中等职业教育实行政府、行业、企业及其他社会力量依法筹集经费的机制";明确"高等教育实行以举办者投入为主、受教育者合理分担培养成本、学校设立基金接受社会捐赠等筹措经费的机制"。《国务院关于加快发展现代职业教育的决定》明确规定:"完善经费稳定投入机制。各级人民政府要建立与办学规模和培养要求相适应的财政投入制度,地方人民政府要依法制定并落实职业院校生均经费标准或公用经费标准,改善职业院校基本办学条件。"党的十八届三中全会审议通过的《中共中央关于全面深化改革若干重大问题的决定》中明确要求:要"处理好政府和市场的关系,使市场在资源配置中起决定性作用和更好发挥政府作用"。2014 年 2 月召开的国务院常务会议更是明确了加快发展现代职业教育的任务和措施:要求以"改革的思路办好职业教育","积极引导社会力量办教育,扩大职业院校的办学自主权,通过体制机制创新为职业教育汇聚更多资源"。因此,迫切需要以改革的思路完善职业教育经费保障机制:把传统的"政府主导"下的以"公共财政投入为主"的职业教育经费保障机制,调整为"政府引导"下的"举办者投入问责"和"学校自主办学面向市场筹资"的有中国特色的职业教育经费保障新机制。

(一)改革完善职业教育经费保障机制

职业教育经费保障机制设计,将更加注重以下三个方面:

第一,改变"政府主导"和"公共财政为主"的单线思维,更加注重发挥

"政府引导、规范和督导作用"。《国家中长期教育改革和发展规划纲要（2010-2020 年）》明确要求："政府切实履行发展职业教育的职责"，把"健全多渠道投入机制，加大职业教育投入"作为政府履职的重要内容。2014年 2 月 26 日，国务院常务会议部署加快发展现代职业教育，提出要"发挥好政府引导、规范和督导作用，充分调动社会力量，吸引更多资源向职业教育汇聚"。因此，在当前形势下，完善职业教育经费保障机制的关键，是要依法落实"（多元）举办者的投入责任"。

第二，"政府引导"贵在"以身作则、率先垂范"，重在更加关注解决现行经费保障机制中存在的问题。当前，职业教育经费保障机制存在"三个不匹配"问题，即"经费总量与办学规模不匹配""生均投入与成本支出不匹配""举办者责任与义务不匹配"。其最重要原因是"举办者责任未得到有效落实"，其根源是"政府认识"责任不到位。

第三，更加注重学校自主办学，引导学校"面向市场、社会、企业多渠道筹集资金"。为了推进现代职业教育的发展，我们需要积极促进专业设置与产业需求、课程内容与职业标准、教学过程与生产过程的"三对接"。如果过分强调"政府主导"，就将不利于激发学校自主办学的积极性。只有引导学校甚至强迫学校面向市场、社会、企业办学，我们才能真正提高职业院校的服务能力。从市场中获得的"技术服务收益"不只是职业院校筹集资金的关键途径，还是评估职业院校办学实力和教学品质的重要标准。

（二）构建中职经费保障新机制

构建职业教育经费保障新机制，从筹资角度讲，就是要从传统的"政府主导、公共财政投入为主"，转变为"政府引导为先，举办者投入问责与面向市场筹集并重"。在教育经费总量分配中，尤其是国家财政性教育经费分配中，更加重视职业教育。

提高国家财政性教育经费分配中职业教育经费的比重，形成"投入总量与事业规模相匹配的协调机制"。按照《国家中长期教育改革和发展规划纲要（2010-2020 年）》关于"要健全以政府投入为主、多渠道筹集教育经费的体制,大幅度增加教育投入"的总体要求,根据中等职业教育和高等职业教育经费投入保障机制存在的不同问题,有针对性地采取不同方式。

中职:在国家财政性教育经费,尤其是"公共财政预算教育经费"分配结构中,提高中等职业教育的经费。"国家中等职业教育经费保障新机制"的构建,可以分阶段逐步实施,譬如免除农村中职教育阶段学生全部的学杂费,为贫困家庭学生免费提供教科书并补助寄宿生生活费;提高农村中职学校公用经费保障水平;建立农村中职学校校舍(实训基地)维修改造长效机制;巩固和完善农村中职学校教师工资保障机制等。

高职:对高等职业教育给予普通本科"同等待遇"。在高等职业教育经费中,"公共财政预算教育经费"所占比重要参照普通本科,而不应"歧视"。为了建立一个科学、合理且持续增长的高等职业教育资金投入机制,我们需要明确财政对高职教育经费的投入标准。对于连片特困民族地区的职业教育,应给予特别的支持,特别是通过财政转移支付和在各级财政预算中单独列出专项经费等方式,来帮助这些地区的高等职业院校解决办学经费的问题。对于具有特色的专业(例如与农业相关的专业)以及区域经济迫切需要的专业,国家应当增加资金投入规模。

(三)强化规范和督导

强化规范和督导:依法抓紧制定职业学校"生均经费标准",并以此为基础建立"生均经费标准拨付制度"及问责机制。《中华人民共和国职业教育法》第五十五条规定"省、自治区、直辖市人民政府应当制定本地区职业学校生均经费标准或者公用经费标准。职业学校举办者应当按照生均经费标准或者公用经费标准按时、足额拨付经费,不断改善办学条件"。《中华人民共和国民办教育促进法》第十条规定"民办学校的设置标准参照同级同类公办学校的设置标准执行"。《中华人民共和国民办教育促进法实施条例》第八条规定"举办民办学校,应当按时、足额履行出资义务"。

在技术层面,建议先制定"分专业类型"的职业学校"生均公用经费"基本标准,以满足职业教育有别于普通教育的运行成本需求,而不是直接建立"生均经费"标准;在机制层面,形成能负责、能问责的"举办者投入责任问责机制"。

为职业教育设置依法的学生薪酬标准并确保其问责机制的存在。国家在教育领域的主管部门将与国务院相关部门和财政单位合作,依据"高于普通教育学生平均经费投入"的原则,加快制定职业学校生均经费的基本标准(国家标准)或推出指导性的意见和原则,以便指导和推进各个省市制定各地标准,明确职业学校创办者的资金贡献责任;国家教育部门负责对各地法律规定的职业学校生均经费的基础准则进行督查工作,推动各地区科学地、合理地制定经费标准。与此同时,我们确立了学生平均预算拨款的动态调整制度,确保职业院校的经费持续稳步上升。

建立举办者出资责任落实的检查机制。由国家教育主管部门牵头,先从对各级政府(省、地市和县市级地方政府,以及各级行业主管部门)的督导和问责开始,落实各级政府发展职业教育和公办职业教育举办者的出资责任,然后,由教育主管部门依法对企业办学和民办职业教育举办者的"出资义务"进行依法监管,最终形成"中等职业教育实行政府、行业、企业及其他社会力量依法筹集经费的机制"和"高等教育实行以举办者投入为主等筹措经费的机制"。

构建职业教育经济支援的监控和评估体系。建议国家的教育与财政机构周期性地对国家和地方的职业教育资金的投入状况进行仔细的分析和评价。例如,需要对各个地方和全国范围内职业教育在教育经费分配体系中的占比做一个排序,并对不同地区职业教育的人均经费制定进行综合概括和信息分享,以便更好地推广已成功的教育经验和先进的实施方式。构建职业教育资金使用的管理和监督机制,同时结合财务管理与绩效评估完善动态的管理方法。

(四)激励社会各方投入职业教育

从改革的角度出发,我们需要完善职业教育的经费保障机制,并通过政策的引导,逐渐让市场机制在职业教育经费保障中起到决定性的作用,从而激励社会各行更多地投入职业教育中,以支持职业教育的发展。

建议成立多种不同性质的职业教育发展基金,这些基金由社会、企业或政府出资,并由专业机构进行投资管理,其投资回报将用于支持职业教育的进一步发展。如果为企业的职业培训设立专门的基金,就可以更有效地为企业职业培训筹集资金;为了更好地管理政府为职业教育提供的资金,我们为学校的职业教育成立了一个基金会。

企业职业培训基金,可以借鉴德国中央基金模式,由国家建立并通过法律手段为国有和私营企业筹集资金,规定这些企业,无论是培训企业还是非培训企业,在特定的时间段内都必须向该基金缴纳一定数额的资金,这些资金通常是按照企业员工工资总额的一个固定百分比来提取的。国家会根据当前的经济增长情况来设定并持续调节比例。中央基金的分配和发放是由国家统一负责的,并且有一套严格的资金分配规定和资金申请条件。与传统的仅由提供培训的企业支付职业培训费用相比,这种筹资方法可以为企业职业培训筹集更多的资金。因为提供培训的企业可以获得这些资金,所以不仅可以激发企业进行职业培训的热情,还可以帮助平衡企业之间的经济压力。在某种程度上,这避免了由此可能导致的不公平的市场竞争。对于企业和个人来说,接受高效的培训所带来的未来回报远超过实际的投入,这也极大地激发了他们参与职业培训的热情。

学校职业教育设立基金会,可以有效地管理政府的职业教育拨款。政府资助成立了学校职业教育发展基金会,并采用了竞争性的经费管理方式。政府的资金支持不是通过直接拨款,而是通过"政府购买培训"的方式,激励公立和私立职业院校参与职业教育和培训。例如,基金会在决定购买哪所院校的教育培训时,会采用公开投标的市场操作方式。首先,基金会设定了教育和培训的标准,接着职业院校根据国家的技能要求和政府的指示制订了教学方案。最终,基金会负责组织评估,以决定购买哪一所院校的教育和培训,确保职业教育院校在竞争激烈的环境中持续发展。另外,当企业有培训需求时,企业会明确培训的具体需求和目标。职业院校会派遣人员与企业内部的全职培训教师共同探讨和制订培训方案,这包括课程设计、课时分配、教材选择、评估与考核、时间和场地的分配以及费用的计算等。在得到企业的批准后,这些培训方案将由职业院校来执行。这个流程不仅可以通过协议来实现,企业也有权进行招标活动。为了在职业教育市场中获得更多的资金支持,职业院校需要依靠其商业洞察力和自身的专业能力来参与投标活动,并努力争取更多的培训项目。

各级政府也有权设立各类职业教育专项基金,例如职业教育与企业合作发展专项基金。这些基金旨在培养和支持第三方机构,与政府合作完成区域内产学融合和校企合作的绩效评估。根据这些评估结果,政府可以调整优惠政策和资金使用方式,并将考核结果纳入相关部门和职业院校领导班子的考核体系中。

税务减免不仅是一种激励措施,也是促使社会各行更多地投入职业教育并支持其发展的关键途径。通过对某些地区的改革实践进行总结和提炼,我们可以从以下几个方面进行深入探讨。

在营业税、企业所得税、个人所得税政策方面:

(1)鼓励学校组织开展实习实训及其他勤工俭学活动。学生通过勤工俭学获得的劳务收入,将被免除营业税。我们鼓励各企业为学生提供实习、实训和学徒机会,而企业为这些实习和实训所支付的各种费用,在计算应纳税所得额时,应按照相关规定进行扣除。对于由政府运营的职业学校,如果其主要目的是为在校学生提供实习机会,并且是由学校自行出资、由学校负责运营和管理,且其经营收益归学校所有,那么符合这些相关政策的企业将被免除营业税。

(2)支持学校开展教学、技术研究和培训活动。那些为学历教育提供服务的学校所获得的教育劳务收入,将被免除营业税。政府为高等、中等和初等学校(不包括其下属机构)开设的进修班和培训班所获得的收益,如果这些收益完全属于学校,则不需要支付营业税。学校为学生提供了技术研发、技术转移以及相关的技术咨询和服务,只要满足相关要求,就可以享受增值税(营改增)的免税待遇。在一个纳税年度内,只要技术转让所得的金额不超过规定的限额(例如 500 万元),那么企业所得税将被免除;超出的部分,企业所得税将被减半征收。

（3）支持社会力量资助现代职业教育事业。对于企业通过公益组织或县级及以上的人民政府及其相关部门为教育事业所作的捐赠，如果其年度利润不超过12％，那么在计算企业所得税的应纳税所得额时，可以进行扣除。个人可以通过在中国的非营利社会组织或国家机构向教育领域进行捐赠，并有权在缴纳个人所得税之前进行全额扣减。

（4）对于被认定为免税的非营利组织的职业院校，除了接受政府的捐赠和财政拨款之外，其他形式的政府补助收入（不包括通过政府购买服务获得的收入）、收取的会费、不征税的收入以及由免税收入产生的银行存款利息收入等，都将按照相关规定被免除企业所得税。

在房产税、城镇土地使用税、耕地占用税、契税、印花税等政策方面：

（1）支持学校校区建设。对于由国家提供事业经费的学校所拥有的房产和土地，将被免除房产税和城镇土地使用税。同时，对于财产所有者将房产和土地等资产赠送给学校的行为，也将免除印花税的征收。对于学校所占用的耕地，只要满足规定的条件，就可以免除耕地占用税。

（2）学校承包土地、房屋权属用于教学、科研的，免征契税。对于由县级或更高级别的人民政府教育或劳动行政主管部门审核并发放办学许可证的学校和教育机构，如果其土地或房产的所有权被用于教学目的，那么由企业、社会团体或其他社会和公民个人使用非国家财政性的教育资金进行社会运营的学校和教育机构将被免除契税。

在进口关税、增值税和其他政策方面：

（1）支持境外组织和个人捐助教育事业。对于那些由境外捐赠者无偿捐赠并直接用于各种职业学校教育的教学工具、书籍、资料和日常学习用品，除非是国家明确禁止减免进口税的商品，否则将被免除进口关税和增值税。

（2）支持学校更新设备。学校进口国内不能生产的仪器、设备，直接用于科学研究，科学试验和教学的，免征进口增值税。

（3）捐资举办的民办学校和出资人不要求取得合理回报的民办学校，依法享受与公办学校同等税收优惠政策。

(五)推进教育公平与效率

进一步健全公平公正、多元投入、规范高效的职业教育国家资助政策。我们正在逐渐构建一个职业院校助学金的覆盖范围和补助标准的动态调整机制,以增强对农林水地矿油核等专业学生的资助力度。有组织地鼓励对集中连片特困地区的开发,并禁止开发区的初中毕业生前往经济较为发达的省(区、市)或其他地区接受职业教育。我们需要进一步完善针对农民、农村转移劳动者、在职员工、失业者、残障人士、退伍军人等的职业教育和培训的资金补助政策,并积极实施以直接补贴个人为核心的支付方式。

在中等职业教育阶段,考虑试行职业教育券制度,扩大资助面的同时,促使家长和学生能够参与"公共决策力",促进职业学校的竞争,提高教育质量。

改革职业教育贷款制度。那些受到国家信用保证并愿意贷款的银行,会根据各方面的专业能力、行业前景和申请人的个人素质进行筛选。考虑到银行的盈利需求,它倾向于挑选那些就业前景佳的学科学生,而淘汰过于充裕且前景令人担忧的学科学生。这样的决策对于职业教育的健康成长同样具有益处。此外,对于银行不愿提供贷款的专业,但属于艰苦行业,国家战略需要的专业,由政府直接资助,提供低息或者免费贷款。

参考文献

[1]代锋,夏红雨.人工智能视域下高等职业教育现状及发展路径[J].当代职业教育,2021(2):73-80.

[2]党建民.职业教育体系建设背景下高职院校专业教育与创新创业教育深度融合探析[J].现代职业教育,2023(34):5-8.

[3]翟海魂.发达国家职业技术教育历史演进[M].上海:上海教育出版社,2008.

[4]丁辉关,项质略.科技革命与中国职业教育发展:历史考证与现实影响[J].科教文汇,2023(10):168-171.

[5]杜丽茶.现代物流管理专业"1+X"证书制度试点院校职业教育质量评价研究[J].大众标准化,2021(23):163-164+169.

[6]韩毅.建立中国现代职业教育 OMO 新型数字化平台[J].陕西教育(高教),2023(7):24-26.

[7]何茜,王爽.新时代职业教育国际化的价值、表征与指向[J].职业技术教育,2023(33):8-14.

[8]胡伏湘.职业教育高质量发展:内涵、表征与创新驱动路径[J].职业教育研究,2020(11):68-73.

[9]焦鹏昊.高等职业院校科研管理机制创新研究[J].现代职业教育,2022(24):70-72.

[10]李恩慧.终身教育视野下职业院校发展改革探究[J].现代职业教育,2024(10):37-40.

[11]李更生.高等职业教育管理创新机制研究[J].创新创业理论研究与实践,2018(19):6-7.

[12]李亚明,王信锐.现代职业教育高质量发展背景下高职体育的转型与发展研究:以遵义职业技术学院为例[J].青少年体育,2023(3):99-102,58.

[13]马艳丽.职业教育专业教学资源库的建设与应用问题研究[J].陕西教育(高教),2022(8):70-72.

[14]马应虎,高广胜,丁建平.高等职业教育的改革与发展[M].银川:宁夏人民出版社,2008.

[15]农建诚.理解内涵 抓住问题 探究路径:教育信息化赋能高等职业教育现代化研究[J].中国管理信息化.2023(1):237-241.

[16]庞爱玲.构建"四位一体"机制发展河南职业技术师范教育[J].教育教学论坛,2023(29):41-44.

[17]庞翘楚,韦莉娜.桂港协同创新下职业教育人才国际化能力培养探析[J].教育观察,2023(28):77-82+93.

[18]彭敏,周旺,杨清.职业教育虚拟仿真教学资源国际化共建共享研究[J].科教导刊,2023(30):8-11.

[19]彭明成,庄西真.中国特色职业教育理论研究丛书 现代学徒制何以可能:苏南地区的创新实践[M].苏州:苏州大学出版社,2022.

[20]彭振宇.现代化进程中我国职业教育宏观管理体制改革探索:历史、镜鉴与建议[J].职业技术教育,2023(18):44-52.

[21]裘荣鹏,潘德文,张健.开放大学发展高等职业教育的路径[J].安徽开放大学学报,2023(3):36-40.

[22]盛梅.国家级高职教育教师教学创新团队建设实践与研究:以天津交通职业院校现代物流产业学院为例[J].天津职业院校联合学报,2022(5):79-83+88.

[23]孙瑶彦,徐碧.职业本科教育背景下的教学秘书职业路径探索[J].成才,2023(1):30-31.

[24]汤杰.新发展理念下职业教育培养现代化人才的使命和作用[J].中国成人教育,2023(6):50-53.

[25]唐林伟.技术知识论视域下的职业教育有效教学研究[M].杭州:浙江大学出版社,2017.

[26]汪斌.推动现代职业教育高质量发展的实施方略[J].教育与职业,2022(13):36-41.

[27]王迪.信息化时代职业教育教学管理现代化创新发展探索[J].产业与科技论坛,2020(20):280-281.

[28]王丽君.深化职业本科教育改革创新的策略选择[J].山西青年,2023(16):25-27.

[29]王莉,宋立温.职业教育层次衔接的内容设计和机制研究[J].现代商贸工业,2023(22):226-228.

[30]王燕.本科层次职业教育质量评估指标体系研究[J].现代职业教育,2021(40):36-37.

[31]吴修进.现代职业教育背景下会计技能教学改革与创新研究[J].中国管理信息化,2020(20):210-211.

[32]肖力.教育信息化2.0时代职业教育创新发展探索[J].教育与职业,2020(8):34-40.

[33]徐静.学习型组织理论视角下的职业教育本科院校教师教学创新团队建设路径探究[J].天津职业院校联合学报,2023(2):49-55.

[34]闫智勇,吴全全.现代职业教育体系建设目标研究[M].重庆:重庆大学出版社,2017.

[35]杨成明,和震.ICT何以赋能职业技术教育创新:基于联合国教科文组织系列政策与报告的分析[J].现代远程教育研究,2023(3):74-83.

[36]杨军.基于创新生态系统理论的职业教育管理优化研究[J].科技风,2022(27):164-166.

[37]姚玥明.现代学徒制模式下职业教育"双主体"管理模式研究[J].教育现代化,2019(84):97-98.

[38]张衡宇.技能型社会背景下推进职业教育高质量发展路径研究[J].

江苏建筑职业技术学院学报,2023(2):55-59.

[39]张鹏鹏.现代教育技术对职业教育的影响:以高职酒店运营与数字化管理专业为例[J].广东职业技术教育与研究,2023(5):96-98+133.

[40]张伟.增强职业教育适应性背景下职教教师教学创新团队建设研究[J].大学,2023(22):148-151.

[41]张新平,陈学军.陶行知的教育管理思想与实践[M].上海:上海教育出版社,2014.

[42]张祎.创新创业教育与职业教育融合发展模式探索:以安徽职业技术学院为例[J].安徽职业技术学院学报,2023(2):59-63+78.

[43]张志勇.创新教育:中国教育范式的转型[M].济南:山东教育出版社,2007.

[44]章杨,王建清,赵丹.高职专业社团促进现代职业教育发展的研究与实践:以辽宁经济职业技术学院交通枢纽运营管理专业为例[J].辽宁经济职业技术学院.辽宁经济管理干部学院学报,2019(3):109-111.

[45]赵朝辉.深化产教融合推进现代职业教育改革的成因与路径[J].教育与职业,2022(5):41-45.

[46]周建松,王琦,方华,等.金融高等职业教育课程建设研究:浙江金融职业学院课程建设十年[M].杭州:浙江工商大学出版社,2014.

[47]朱云溪.职业教育教学管理制度建设的创新对策[J].亚太教育,2021(3):25-26.